Introdução à formação
em educação física

SÉRIE CORPO EM MOVIMENTO

inter
saberes

2ª edição

Introdução à formação em educação física

Willer Soares Maffei

inter saberes

Rua Clara Vendramin, 58 • Mossunguê • CEP 81200-170 • Curitiba • PR • Brasil
Fone: (41) 2106-4170 • www.intersaberes.com • editora@intersaberes.com

Conselho editorial
Dr. Alexandre Coutinho Pagliarini
Drª Elena Godoy
Dr. Neri dos Santos
Mª Maria Lúcia Prado Sabatella

Editora-chefe
Lindsay Azambuja

Gerente editorial
Ariadne Nunes Wenger

Assistente editorial
Daniela Viroli Pereira Pinto

Edição de texto
Monique Francis Fagundes Gonçalves

Capa
Laís Galvão dos Santos (design)
Africa Studio/Shutterstock (imagem)

Projeto gráfico
Luana Machado Amaro

Diagramação
Fabiola Penso

Equipe de design
Luana Machado Amaro
Laís Galvão dos Santos

Iconografia
Regina Claudia Cruz Prestes

Dados Internacionais de Catalogação na Publicação (CIP)
(Câmara Brasileira do Livro, SP, Brasil)

Maffei, Willer Soares
  Introdução à formação em educação física / Willer Soares Maffei. -- 2. ed. -- Curitiba : Editora Intersaberes, 2023. -- (Série corpo em movimento)

  Bibliografia.
  ISBN 978-85-227-0458-3

  1. Educação física 2. Esportes 3. Pedagogia 4. Prática de ensino 5. Professores - Formação I. Título. II. Série.

23-142693   CDD-370.71

Índices para catálogo sistemático:
1. Educação física : Professores : Formação profissional : Educação   370.71
Cibele Maria Dias - Bibliotecária - CRB-8/9427

1ª edição, 2017.
2ª edição, 2023.

Foi feito o depósito legal.

Informamos que é de inteira responsabilidade do autor a emissão de conceitos.

Nenhuma parte desta publicação poderá ser reproduzida por qualquer meio ou forma sem a prévia autorização da Editora InterSaberes.

A violação dos direitos autorais é crime estabelecido na Lei n. 9.610/1998 e punido pelo art. 184 do Código Penal.

Sumário

Prefácio • 13
Apresentação • 17
Organização didático-pedagógica • 21

Capítulo 1
*Educação física: conhecimento,
ciência e intervenção pedagógica* • 25

1.1 O que é educação física? • 31
1.2 Disputa no campo acadêmico de diferentes áreas • 34
1.3 Objeto de estudo da educação física • 37
1.4 Construção do currículo em educação física • 40
1.5 Eixos teóricos, a formação profissional
e o mercado de trabalho • 47

Capítulo 2
As influências epistemológicas da educação física • 59

2.1 Saber científico em educação física • 62
2.2 Ciências naturais • 65
2.3 Ciências humanas • 68
2.4 Ciências da saúde • 74
2.5 Ciências do movimento humano • 78

Capítulo 3
Saber científico em educação física · 89
3.1 Antropologia e sociologia · 92
3.2 Psicologia · 98
3.3 Filosofia · 101
3.4 Biologia · 104
3.5 Pedagogia · 109

Capítulo 4
Eixos teóricos e intervenção profissional · 125
4.1 Educação · 128
4.2 Lazer · 133
4.3 Esporte · 136
4.4 Saúde · 143
4.5 Cidadania · 150

Capítulo 5
Demandas sociais e atuação profissional · 161
5.1 Gestão e administração em educação física · 165
5.2 Educação · 169
5.3 Saúde · 181
5.4 Treinamento · 185
5.5 Políticas públicas · 188

Capítulo 6
Fazer científico em educação física • 199
6.1 Professor-pesquisador e formador-pesquisador • 202
6.2 Pesquisas em educação física • 207
6.3 Práticas interdisciplinares na pesquisa em educação física • 213
6.4 Abordagens contemporâneas da educação física: populações especiais (idosos, pessoas com deficiência e outros) • 217
6.5 Abordagens contemporâneas da educação física: atividades radicais e na natureza • 226

Considerações finais • 241
Referências • 243
Bibliografia comentada • 257
Respostas • 259
Sobre o autor • 261

Este livro é dedicado a todas as pessoas que me acompanharam ao longo de minha jornada, especialmente aos meus pais, Nilton e Iris, e ao meu irmão, Wesley, que participaram da minha constituição como pessoa e como profissional; à minha esposa, Mara; e aos meus filhos, Isadora e Henrique. Também dedico este livro a todos os profissionais que acreditam no crescimento da área de educação física e se empenham em assegurar a seriedade na formação de novos profissionais.

Willer Soares Maffei

Inicialmente, gostaria de agradecer a Deus por ter me dado tantas oportunidades na vida e por poder demonstrar, por meio desta obra, a graça do conhecimento construído. Agradeço também ao professor Marcos Ruiz pela confiança e pelo convite para escrever esta obra, bem como a tantos outros profissionais que dedicaram muito tempo de sua vida à pesquisa e ao objetivo de tornar público o conhecimento produzido em suas investigações – muitos deles caminham aqui comigo, possibilitando reflexões e a construção deste material. Em especial, gostaria de agradecer ao professor Dr. Mauro Betti por todos os ensinamentos compartilhados nesses quase 20 anos de amizade e parceria, os quais foram essenciais em minha formação e ao professor Lino Castellani Filho que prefaciou a obra.

Que o Grande Arquiteto do Universo esteja com todos vocês.

Willer Soares Maffei, 2017

Prefácio

Prefaciar um livro não é uma tarefa fácil, pois são vários os riscos para quem se depara com a tarefa. Um deles é a possibilidade de sermos picados pela "mosca azul" do poema de Machado de Assis. Não que seja errado sentir-se envaidecido por um convite dessa natureza – o problema está em se deixar inebriar por ele.

É fato que na motivação do convite está o respeito à pessoa convidada e à sua trajetória profissional, e seríamos falsos se não admitíssemos a intenção de endossar a obra por meio do "capital" construído pelo convidado ao longo de sua trajetória profissional e acadêmica. Deixemos claro, no entanto, que não há aqui juízo negativo de valor em relação a isso.

O verdadeiro risco – reportando à "mosca azul" – é o convidado considerar-se detentor de mais "capital" do que o realmente possuído. E foi com esse espírito de cuidado que aceitei o convite.

Antes de dar início à abordagem da obra propriamente dita, gostaria de ressaltar o momento problemático pelo qual passa nosso país, vítima de um golpe político conduzido por setores da alta e média burguesia, que, respaldados pelo Legislativo, pelo Judiciário e pela grande mídia, tomaram de assalto o Poder Executivo. Isso ocorreu com o objetivo de se cumprir a proposta de governo derrotada nas urnas em 2014, a qual nos impõe políticas de matiz neoliberal, que destroem as conquistas sociais arduamente gestadas ao longo das últimas décadas.

É nesse cenário de terra devastada que a política educacional se submete aos ditames da lógica empresarial, tanto no que se refere ao modelo de gestão quanto no que concerne à articulação de seus propósitos educacionais em conformidade com os interesses do mercado. Nesse contexto, acompanhamos, não sem resistência, o ensino médio – etapa da educação básica escolar – ser vilipendiado por uma legislação que assinala o sentido instrumental da educação formal, destituindo-a de conteúdos que possibilitam a formação autônoma e crítica de nossos jovens. Por sua vez, o ensino fundamental teve seu sentido formativo apequenado na terceira versão do documento *Base Nacional Comum Curricular* (BNCC), criticado pelos setores progressistas da educação brasileira desde sua constituição. Já em relação ao ensino superior, estão se perdendo as conquistas dos últimos anos, como a ampliação do acervo cultural promovida pelo programa Ciências sem Fronteiras. Esses retrocessos, somados às contrarreformas trabalhista e previdenciária, conduzem o país a um futuro adverso.

É nesse quadro nada promissor – a não ser pelas mobilizações de resistência a essas mudanças, organizadas pela classe trabalhadora – que o professor Willer Maffei construiu sua obra.

Maffei se aventura em terreno pantanoso ao se propor a apresentar à comunidade acadêmica esta obra didática, pois produzir um livro didático em uma área do conhecimento em disputa é um desafio cujo enfrentamento exige grande esforço e coragem. Na área de educação física, isso ocorre em razão das relações conflituosas entre as ciências biológicas, exatas e humanas. De maneira geral, a hegemonia das ciências biológicas é confrontada principalmente pelas ciências humanas – embate que se tornou mais contundente a partir dos anos 1980.

O autor demonstra ter essas virtudes aliadas à seriedade acadêmica. Ao ler esta obra, deparei-me com passagens controversas, com muitas das quais não expresso concordância. No entanto, Willer não tenta determinar a unanimidade de pensamento no meio acadêmico, demonstração inequívoca de sensibilidade que revela o entendimento da própria formação dos profissionais de educação física, atualmente em disputa.

Ao avançar na leitura do livro, é possível perceber, sem grandes esforços, a marcante influência do pensamento de Mauro Betti no eixo estruturante das elaborações teóricas. É da lavra do convívio com Mauro – a quem tenho como colega e amigo – o despojamento do autor no trato dos temas alusivos à educação física como campo de conhecimento vinculado às ciências humanas. Isso expressa sua busca pela pluralidade teórica, embora caminhe pelo tênue fio que a separa do ecletismo filosófico. Se o autor obtete êxito na totalidade ou em partes de sua obra, deixo a vocês, leitores, a decisão.

Entende-se, assim, a seleção de pensadores da estirpe de Valter Bracht e Elenor Kunz, assim como a escolha do *Dicionário crítico de educação física*, organizado por Fernando González e Paulo Fensterseifer, cujos verbetes não fazem parte da mesma matriz epistêmica. Isso torna compreensível o fato de Willer, em determinados momentos – notadamente naqueles em que os colegas mencionados se distanciam da temática –, lidar com referências em que não há o risco de apreensões antagônicas do real.

Em síntese, Willer oferece uma contribuição significativa para o trabalho docente nos cursos superiores de graduação em Educação Física. Caberá a nós, leitores, mostrar competência em sua utilização, não assimilando a obra de maneira acrítica, e sim refletindo sobre cada uma de suas linhas.

Lino Castellani Filho
Professor-visitante da Universidade de Brasília (UnB)

Apresentação

Nas últimas décadas, temos acompanhado mudanças significativas na educação física brasileira, o que certamente ocorre em função do aumento das preocupações da população com o corpo, a saúde e a qualidade de vida. Essas preocupações, além de resultarem no crescimento do número de praticantes de atividades físicas, também redundaram na expansão da oferta de atividades e de espaços voltados ao exercício físico, gerando novos questionamentos filosóficos e epistemológicos na área. Consequentemente, a ampliação da oferta de cursos de graduação e pós-graduação e do campo de intervenção profissional no Brasil também tem sido fomentada, assim como algumas mudanças substanciais na legislação referente à formação de professores e à própria criação do conselho profissional dessa área.

Acompanhando essas mudanças, os cursos de formação de professores e profissionais de educação física também vêm se adaptando e se reinventando para atender à demanda que cresce a cada dia. Para tanto, a diversificação das modalidades de ensino na formação superior também está sendo ampliada, possibilitando o alcance de ambientes e populações que, até pouco tempo, pareciam improváveis de serem alcançados.

Por outro lado, o ingresso no curso de graduação em Educação Física, muitas vezes, vem acompanhado de dúvidas a respeito da intervenção do profissional, dos conteúdos que se aprendem no curso e até sobre a existência de pesquisa e produção de conhecimentos nessa área, uma vez que todos parecem, de antemão, "saber um pouco" sobre ela.

Diante dessas dúvidas iniciais que o estudo da educação física pode proporcionar, este livro tem a intenção de introduzir e integrar o leitor nesse ambiente, abordando temáticas relativas à abrangência dessa área, ao seu objeto de estudo, à forma como o conhecimento é produzido e à discussão sobre seu amplo campo de intervenção profissional. Para isso, esta obra foi organizada em seis capítulos, ao longo dos quais serão enfocados os itens descritos a seguir.

No **Capítulo 1**, trataremos do conceito de *educação física*, bem como do objeto de estudo dessa área de conhecimento e da disputa no campo acadêmico de diferentes áreas de atuação. Analisaremos a construção do currículo em educação física, os eixos teóricos, a formação profissional e, por fim, as áreas de atuação, a fim de possibilitar que você se posicione criticamente diante do contexto atual de formação de profissionais.

No **Capítulo 2**, abordaremos o saber científico das duas áreas que influenciam os estudos em educação física: as ciências naturais e as humanas. No **Capítulo 3**, daremos continuidade a essa abordagem, mas levando em consideração o reconhecimento e a análise de matrizes teóricas específicas, como a sociologia, a psicologia, a biologia e a pedagogia.

No **Capítulo 4**, trataremos dos eixos teóricos que orientam a formação nas áreas de atuação do profissional de educação física, tendo como objetivo central o reconhecimento e a análise das dimensões teóricas que influenciam a educação, o esporte, o lazer, a saúde, a cidadania e a educação física.

No **Capítulo 5**, analisaremos as demandas sociais e o mercado de trabalho relacionados à educação física, a fim de que você compreenda a relação da área com outros campos de atuação, como a gestão e administração de processos e pessoas, a educação, a saúde, o treinamento físico e esportivo e as políticas públicas.

Por fim, no **Capítulo 6**, discorreremos sobre o fazer científico em educação física, a fim de apresentar as funções e o campo de atuação do professor-pesquisador, assim como as possibilidades de pesquisa na área. Trataremos também das práticas interdisciplinares relacionadas às pesquisas, bem como das abordagens contemporâneas desse campo de estudo, para que você reconheça as novas demandas sociais da educação física e a necessidade de se produzir conhecimento sobre essas práticas.

Para fixar os temas abordados ao longo do livro, ao final de cada capítulo, você terá acesso a atividades relacionadas ao conteúdo discutido, a sugestões de leituras complementares para aprofundar seu conhecimento e também à indicação de obras com outras perspectivas sobre o conteúdo trabalhado.

Boa leitura.

Organização didático-pedagógica

Esta seção tem a finalidade de apresentar os recursos de aprendizagem utilizados no decorrer da obra, de modo a evidenciar os aspectos didático-pedagógicos que nortearam o planejamento do material e como o aluno/leitor pode tirar o melhor proveito dos conteúdos para seu aprendizado.

Introdução do capítulo

Logo na abertura do capítulo, você é informado a respeito dos conteúdos que nele serão abordados, bem como dos objetivos que o autor pretende alcançar.

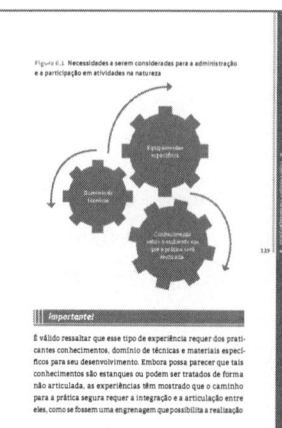

Importante!

Algumas das informações mais importantes da obra aparecem nestes boxes. Aproveite para fazer sua própria reflexão sobre os conteúdos apresentados.

Indicações culturais

Nesta seção, o autor oferece algumas indicações de livros, filmes ou *sites* que podem ajudá-lo a refletir sobre os conteúdos estudados e permitir o aprofundamento em seu processo de aprendizagem.

Síntese

Você conta, nesta seção, com um recurso que o instigará a fazer uma reflexão sobre os conteúdos estudados, de modo a contribuir para que as conclusões a que você chegou sejam reafirmadas ou redefinidas.

Atividades de autoavaliação

Com estas questões objetivas, você tem a oportunidade de verificar o grau de assimilação dos conceitos examinados, motivando-se a progredir em seus estudos e a se preparar para outras atividades avaliativas.

Atividades de aprendizagem

Aqui você dispõe de questões cujo objetivo é levá-lo a analisar criticamente determinado assunto e aproximar conhecimentos teóricos e práticos.

Bibliografia comentada

Nesta seção, você encontra comentários acerca de algumas obras de referência para o estudo dos temas examinados.

Capítulo 1

Educação física: conhecimento, ciência e intervenção pedagógica

Presente na escola brasileira desde o final do século XIX, a educação física surgiu, primeiramente, na forma de ginástica, com objetivos voltados à saúde corporal. Posteriormente, atendendo aos anseios da classe médica, a ginástica incluída na escola passou a ter como finalidade contribuir para a melhoria da higiene da população (educação higienista). Já no início do século XX, os militares perceberam que a ginástica aplicada na escola poderia produzir indivíduos mais fortes, saudáveis e preocupados com a saúde física e moral – vistos como necessários à pátria (educação eugênica). A base para as aulas nas escolas era o método ginástico europeu, com destaque para os métodos sueco e francês. O método alemão também foi utilizado, principalmente pelas colônias alemãs que povoaram o sul do país.

Em meados do século XX, iniciou-se uma nova etapa na educação física brasileira com a introdução do denominado *método desportivo generalizado*, também chamado **educação física desportiva generalizada**, que foi criado pelo Instituto Nacional de Esportes da França. Esse método consistia basicamente em incorporar os conteúdos do esporte às aulas de educação física, desenvolvendo-os de forma lúdica. Nesse sentido, o discurso biológico que era pregado até então cedeu espaço à possibilidade do desenvolvimento biopsicosocial, enfatizado no valor educativo do jogo.

Contrapondo-se aos métodos ginásticos, o reconhecido método desportivo foi rapidamente incorporado pela área, mas manteve o caráter instrumental de sua prática, ou seja, sua condição de atividade ou prática educativa, e não de disciplina curricular, uma vez que seus objetivos se voltavam para um fim em si mesmo, isto é, a aprendizagem esportiva. A década de 1970 foi o período marcante desse movimento, pois, nessa época, passou-se a acreditar que, nas aulas de educação física, era possível iniciar a formação de atletas.

No âmbito educacional, o Decreto n. 69.450, de 1º de novembro de 1971 (Brasil, 1971), atribuiu à educação física escolar a condição de atividade física com finalidade de desenvolver e aprimorar forças físicas, morais, cívicas, psíquicas e sociais do educando. Nesse mesmo período, o método utilizado nas aulas ficou conhecido como *método esportivo*, pois passou-se a focar a aptidão física e a iniciação esportiva como elementos fundamentais dessa disciplina.

No entanto, a fragilidade da proposta pedagógica para a área, ou melhor, a falta de um referencial pedagógico que desse sustentação à atuação prática do professor de Educação Física, alimentou ações que levaram à busca de respostas para a resolução de problemas na atuação profissional. Por isso, naquela época, as preocupações com a "forma correta de fazer" foram a marca dos manuais práticos e dos livros que traziam os processos voltados à aprendizagem esportiva. A ênfase na aprendizagem dos gestos técnicos das modalidades esportivas acentuava a necessidade da reprodução de movimentos, exaustivamente repetidos e mecanicamente realizados.

Na mesma esteira, o destaque dado aos conhecimentos produzidos pela didática instrumental promovia certo reducionismo pedagógico nas discussões sobre educação física, impossibilitando reflexões que resultassem na produção de uma identidade pedagógica para a área. Mesmo assim, acentuaram-se as preocupações com uma didática instrumental que ordenasse o trabalho do professor, e esse cenário se tornou propício à valorização de pesquisas que davam suporte à atuação prática do professor no sentido de instrumentalizá-la.

Conforme já mencionamos, a relação que se estabelecia nas aulas de educação física pressupunha uma preocupação com a formação de atletas. Nesse sentido, as aulas eram voltadas ao treinamento esportivo, no qual o professor desempenhava o papel de treinador e o aluno, de atleta. Assim, era natural que a formação docente enfatizasse a preparação desse profissional mediante processos didáticos voltados à aprendizagem do esporte.

Dessa maneira, os três primeiros momentos da educação física escolar brasileira (métodos ginásticos, método desportivo generalizado e método esportivo) foram marcados pela despreocupação com discussões que pudessem acrescentar avanços nas questões pedagógicas da área. Além disso, cada um desses momentos carrega o estigma de subordinação a determinações externas, as quais refletiam nas práticas utilizadas em cada época.

Na década de 1980, o Brasil ingressou em uma fase de redemocratização e abertura política, o que possibilitou o questionamento e o reconhecimento da real situação educacional estabelecida no país, bem como o desenvolvimento de propostas descentralizadas e a participação social como solução para enfrentar a crise da educação nacional. Nesse contexto de discussão e mudanças, surgiram novas ideias para a educação física, fundamentadas na colaboração de brasileiros que regressavam de cursos de pós-graduação na área de educação física realizada no exterior.

A década de 1980 também foi marcada pela crise de valores no âmbito escolar, decorrente da ampliação do campo de intervenção profissional e, principalmente, do questionamento da situação da educação física estabelecida pelas experiências anteriores. Isso conduziu a uma reflexão sobre as bases filosóficas e pedagógicas da área e à discussão, no nível acadêmico, das finalidades da educação física escolar.

Assim, o foco das reflexões deixou de ser exclusivamente voltado à didática instrumental e passou a apresentar um cunho pedagógico. Com isso, os debates na área se intensificaram e geraram novas propostas elaboradas por professores e pesquisadores e novos projetos para a disciplina no âmbito escolar, muitas vezes fazendo severas críticas aos modelos anteriormente apresentados. Esses projetos traziam outras formas de compreensão do objeto de estudo e atribuíam novas finalidades à educação física.

Tendo em vista esse retrospecto, neste capítulo, trataremos de algumas das principais questões relativas à abrangente área do conhecimento da educação física e também do contexto da atuação dos profissionais nesse campo de intervenção.

A seguir, apresentaremos um levantamento sobre o objeto de estudo dessa área e sua disputa no campo acadêmico, visto que se trata de uma área com natureza multi e interdisciplinar.

1.1 O que é educação física?

Antes de examinarmos o conceito de *educação física*, recorde as diferentes experiências, diretamente relacionadas à área, que você viveu ou observou. Você consegue lembrar se havia necessidade de conhecimentos específicos a serem utilizados, analisados ou demonstrados? Em que espaços essas atividades aconteciam? Que semelhanças guardavam entre si?

Ao buscarmos tais lembranças, é inevitável não retomarmos nosso tempo na escola básica, nas escolinhas de esportes, na academia, nos jogos assistidos nos campos ou ginásios, nos programas veiculados sobre esporte pela mídia, entre outros, não é mesmo? É possível também que, analisando sua experiência, você tenha encontrado respostas em que estão presentes termos como *ser humano, corpo, movimento, cultura, história, saúde, prática* ou *intervenção pedagógica*.

É comum associarmos termos como esses à educação física porque ela pode ser entendida como uma **área do conhecimento específica**, que produz conhecimentos científicos e filosóficos relativos às diferentes manifestações, sentidos e significados construídos socialmente sobre o **corpo que se movimenta** – seu objeto de estudo. Nesse sentido, o saber tratado pela educação física pressupõe a interação corpo/movimento/cultura. Observe que, provavelmente, em todas as experiências retomadas por você havia a presença de alguém movimentando-se em função de códigos preexistentes, de domínio dos participantes e determinados culturalmente.

Para explicar isso, é válido ressaltar que a linguagem humana não se restringe à dimensão linguística, conforme pontua Betti (2007, p. 211-212, grifo do original) com base na semiótica peirceana:

> A função do código é estabelecer relações distintivas entre os signos válidos e não válidos, bem como as regras de combinação entre eles, o que torna possível a **previsibilidade** da ação/comportamento: o emissor comunica uma informação "controlada" ao receptor, visando prever a reação deste. A seleção das múltiplas alternativas possíveis passa, assim, a ser controlada pelo código.

De acordo com Betti (2007, p. 211), Peirce define *signo* como "qualquer coisa – um sentimento, uma emoção, uma sensação sonora, táctil, um gesto, um traço, uma palavra, um ritmo... – que represente outra coisa, para alguém, sob certos aspectos e de alguma maneira (Peirce, 1990)".

Apresentadas essas terminologias, vamos analisar um exemplo. O jogo de queima, conhecido também como *queimada*, *bola queimada*, *caçador*, *guerra* e *carimbada*, é muito utilizado por crianças e jovens em idade escolar, porém nem sempre praticado segundo as mesmas regras ou terminologias. Isso porque a cultura local determina os **códigos** a serem seguidos pelos jogadores, delimitando suas regras. Portanto, para que o jogo aconteça, é necessário que os participantes dominem tais códigos, que podem variar de acordo com a cultura local. Nesse sentido, podemos dizer que é possível também que crianças e jovens em diferentes regiões do país não conheçam esse jogo, pois a cultura local é determinante para as **experiências de movimento** que acumulam.

||| Importante!

A educação física é uma **área do conhecimento**, uma profissão e uma disciplina escolar da educação básica. No que se refere à profissão, de acordo com a Lei n. 9.696, de 1º de setembro de 1998 (Brasil, 1998a),

Art. 3º Compete ao Profissional de Educação Física coordenar, planejar, programar, supervisionar, dinamizar, dirigir, organizar, avaliar e executar trabalhos, programas, planos e projetos, bem como prestar serviços de auditoria, consultoria e assessoria, realizar treinamentos especializados, participar de equipes multidisciplinares e interdisciplinares e elaborar informes técnicos, científicos e pedagógicos, todos nas áreas de atividades físicas e do desporto.

No âmbito da disciplina escolar, o professor da educação básica deve estar qualificado para a docência em educação física em todos os níveis de ensino (educação infantil, ensino fundamental e ensino médio).

Perguntas & respostas

1. Como poderíamos conceituar o termo educação física?

Para responder a essa questão, vamos recorrer a dois conceitos bastante utilizados na área. O primeiro postula que *educação física* refere-se à área "que lida com a **cultura corporal de movimento**, objetivando a melhoria qualitativa das práticas constitutivas daquela cultura, mediante referenciais científicos, filosóficos e estéticos" (Betti, 2003, p. 150, grifo nosso). Já a Resolução n. 7, de 31 de março de 2004, do Conselho Nacional de Educação/Câmara de Educação Superior (CNE/CES) define que

Art. 3º A Educação Física é uma área do conhecimento e de intervenção acadêmico-profissional que tem como objeto de estudo e de aplicação o movimento humano, com foco nas diferentes formas e modalidades do exercício físico, da ginástica, do jogo, do esporte, da luta/arte marcial, da dança, nas perspectivas da prevenção de problemas de agravo da saúde, promoção, proteção e reabilitação da saúde, da formação cultural, da educação e da reeducação motora, do rendimento físico-esportivo, do lazer, da gestão de empreendimentos relacionados às atividades físicas, recreativas e esportivas, além de outros campos que oportunizem ou venham a oportunizar a prática de atividades físicas, recreativas e esportivas. (Brasil, 2004)

1.2 Disputa no campo acadêmico de diferentes áreas

Campo acadêmico é o termo referente ao campo de pesquisa e à produção de conhecimento em determinada área. No contexto atual, a discussão sobre esse aspecto ainda nos parece uma tarefa que requer certo cuidado, uma vez que o campo acadêmico da educação física é marcado por influências de diferentes áreas.

González e Fensterseifer (2005) afirmam que a filosofia foi a primeira a exercer influência sobre a área. De acordo com os autores, pensadores modernos como Francis Bacon (1561-1626), John Locke (1632-1704) e Jean-Jacques Rousseau (1712-1778) já tratavam da "importância dos cuidados com o corpo e dos exercícios físicos para a formação dos indivíduos, no contexto do surgimento e consolidação da sociedade burguesa" (González; Fensterseifer, 2005, p. 144). Os autores ainda pontuam que, no século XIX, a medicina e a biologia passaram a influenciar o significado da expressão *educação física*, propondo a sistematização científica em torno dos exercícios físicos, jogos e esportes.

Assim, se, por um lado, a filosofia indicou a necessidade da implantação da educação física nos currículos escolares, por outro, a vinculação da medicina e da biologia propiciou a sistematização dos objetivos e dos conteúdos da área.

No Brasil, o século XIX marcou a inclusão da educação física nas escolas básicas, ainda com a denominação de *ginástica*. No início do século XX, a educação física tinha como objetivo a melhoria da saúde e da higiene e a eugenia, ou seja, estava associada às ciências biológicas (saúde + educação física). Após a metade desse mesmo século, sob influência do desenvolvimento das ciências, os conteúdos da disciplina se voltaram para a melhoria do desempenho esportivo, ou seja, seu papel era o de potencializar o meio esportivo amparado pela ciência (ciência + educação física).

Como podemos perceber, o espaço de atuação do profissional de educação física, no início e em meados do século XX, era predominantemente a escola (com ênfase na aprendizagem e treinamento esportivo), uma vez que as preocupações com o corpo, com a realização do exercício físico e com a saúde não eram tão evidenciadas como hoje. No campo acadêmico, prevalecia a hegemonia das ciências da natureza.

A década de 1980 foi marcada pela ampliação dos espaços de atuação do profissional de educação física, antes restrito à escola ou ao treinamento esportivo, e também pela crise de identidade da área, o que levou a intensos debates no âmbito acadêmico e a questionamentos a respeito de suas bases teóricas. Alguns autores recorrentes nos debates acadêmicos brasileiros nas décadas de 1980 e 1990, como Betti (1996), Bracht (1992, 1999a, 1999b), Kolyniak Filho (1994, 1995a, 1995b), Lovisolo (1995, 1996) e Tani (1996), contribuíram de modo importante para o tema em questão – ainda que não se tenha chegado a um consenso, essas discussões possibilitaram o olhar crítico sobre os fundamentos teóricos da educação física.

A década de 1990, por sua vez, foi marcada também pelo embate entre diversas correntes teóricas, divididas por Betti (1996) em dois grandes grupos (matrizes) com bases filosóficas distintas. Essas matrizes[1], intituladas *matriz científica* e *matriz*

---

[1] O termo *matriz* é utilizado para identificar pressupostos filosóficos que direcionam estudos, métodos e valores próprios de um campo teórico.

pedagógica, embora apresentassem contribuições para a área e promovessem grandes discussões e avanços teóricos para a educação física, tiveram seu próprio estatuto epistemológico como fator limitador.

1.2.1 Matriz científica

A matriz científica concebe a educação física como ciência, caracterizando-se pela compreensão da função do corpo humano durante a prática de exercícios e pela explicação das condutas motoras. Em outras palavras, o objetivo dessa matriz é a compreensão do movimento humano, da ação motora e da motricidade humana. Para isso, utilizam-se como foco de análise os movimentos gerais do ser humano e outros específicos, criados/utilizados em determinadas práticas corporais, como dança, esportes, ginástica, jogos e lutas.

Seu discurso legitima práticas de pesquisa e conteúdos que apresentam teorias gerais sobre o motivo da prática de atividades físicas: "Por que fazer exercício físico?", "Por que o exercício é bom para a saúde?", "Por que arremessar de determinada forma?", "Por que a braçada do nado X tem que ser de tal forma?". Não se alude, pois, ao caráter profissional/pedagógico ou ao **como fazer**.

Com o *status* de ciência, a educação física passou a ser compreendida como ciência do movimento, ciência da ação motriz ou ciência da motricidade humana.

Entre as limitações apresentadas por essa matriz teórica, a mais importante a ser destacada, dado que abrange diretamente a atuação profissional, é o distanciamento entre a produção científica (entendida como teoria) e o mundo profissional (prática profissional), ou seja, o conhecimento científico gerado nas pesquisas não tem alcance nas práticas desenvolvidas pelos profissionais da área, uma vez que toda prática é incerta, complexa, imprevisível e com divergências fundamentais que a caracterizam.

1.2.2 Matriz pedagógica

A matriz pedagógica surgiu em resposta à crise que ocorreu na década de 1980, propondo outros fundamentos e possibilidades para a área. Essa matriz compreende a educação física como uma área do conhecimento e de intervenção pedagógica, que implica, portanto, na relação pedagógica, visto que seu papel, nos diferentes âmbitos de atuação profissional, pressupõe a relação entre ensinar e aprender.

No entanto, essa matriz descarta a possibilidade de compreensão da educação física como ciência, pois seu caráter interdisciplinar implica compreender e explicar os fenômenos com base em outras ciências, como as ciências humanas e as ciências naturais.

Os defensores dessa matriz criticam as bases epistemológicas das ciências da natureza e associam a educação física às ciências humanas. Além disso, essa vertente busca resguardar a educação física na escola, restringindo seu alcance conceitual em vez de ampliá-lo, desconsiderando a ampliação dos espaços de atuação profissional para ambientes extraescolares.

Os estudiosos dessa matriz são contrários à vinculação do esporte de rendimento na escola e à forma como o corpo vem sendo cultuado nas academias, fazendo com que seus próprios princípios se apresentem como limitações dessa matriz.

1.3 Objeto de estudo da educação física

Antes de tratarmos diretamente do objeto de estudo da educação física, é necessário apontarmos algumas conclusões em relação à produção do conhecimento da área, que analisamos na seção anterior. É imprescindível a compreensão de que a educação física não se caracteriza como ciência, como visto anteriormente, mas como uma área acadêmico-profissional que trabalha com a cultura corporal de movimento, valendo-se de diversas ciências e da filosofia para construir seu objeto de estudo e fundamentar a atuação profissional/pedagógica.

Ainda assim, a divergência de discursos relativos à construção teórica em educação física possibilita dois entendimentos para a pesquisa na área, como apresentado anteriormente: a matriz científica, que se atém a práticas científicas sobre o movimento humano, e a matriz pedagógica, que concebe a educação física como área do conhecimento e de intervenção pedagógica, responsável pela produção de conhecimentos **sociais e historicamente condicionados**, que, por esse motivo, estão em constante transformação no âmbito acadêmico.

Tendo em vista essas duas matrizes, a educação física apresenta dois objetos de estudo: o **movimento humano** (por que fazer?) e os **conhecimentos pedagógicos da atuação profissional** (como fazer?). A análise desses dois objetos, portanto, possibilita a apropriação crítica da cultura constituída sobre o movimento corporal humano.

Se o profissional, na pesquisa ou na atuação na área, entende que seu papel é o de estudar/informar para seu aluno/cliente que ele deve, por exemplo, fazer cinco séries de dez repetições com X de carga, porque assim ele ganhará mais massa muscular, o foco de estudo ou de atuação profissional está no **movimento humano**. Essa perspectiva, no entanto, desconsidera outros fatores, como os sociais, os culturais ou os psicológicos.

Assim, para sermos coerentes com o conceito apresentado no início do capítulo, elegemos a **prática pedagógica** como objeto de estudo da educação física. Porém, o entendimento sobre o termo *pedagógico* extrapola os muros da escola e se estende a toda e qualquer forma de intervenção profissional na área, visto que toda e qualquer ação pressupõe não somente a preocupação com o **por que fazer**, mas também (e principalmente) com o estabelecimento de uma relação entre interlocutores que permita analisar e compreender **como ensinar**. Nessa perspectiva, o profissional deve, por exemplo, analisar como o arremesso de determinado aluno/cliente (mais novo, mais velho, homem, mulher, com dificuldade de aprendizagem ou locomoção etc.) pode se tornar mais eficiente; avaliar o que é necessário para que o aluno/cliente ganhe mais massa muscular (interesses, motivações, disponibilidade de tempo, histórico sociocultural); ou ainda refletir sobre como um exercício pode fazer bem para determinada pessoa.

Observe que, nesse caso, o foco do trabalho não recai em teorias generalistas, mas na ação direta que o profissional exerce com o aluno/cliente, ou seja, a forma como a prática profissional é **pedagogicamente** tratada. Perceba que, quando consideramos a **educação física como área de intervenção profissional-pedagógica**, o objeto de estudo se torna a prática pedagógica, ou seja, o próprio campo profissional e a interação professor/aluno ou profissional/cliente, que objetiva melhorias nas práticas que constituem a cultura corporal de movimento.

É importante destacar que, ao considerarmos a prática pedagógica, não estamos negando, descaracterizando ou descartando os conhecimentos científicos que são de indiscutível relevância para a área. De acordo com Betti (2005, p. 194), "A Educação Física não pode abrir mão de uma poderosa realização humana como a ciência, capaz de compreender/explicar e intervir no mundo com modos específicos". No entanto, a produção teórica em educação física deve valorizar o espaço em que o saber se ressignifica por meio do encontro entre conhecimento e atuação, valorizando-se tanto a origem do conhecimento produzido quanto o seu destino.

1.4 Construção do currículo em educação física

Para iniciarmos a reflexão sobre a construção do currículo em educação física, precisamos definir primeiro o que é um currículo nesse contexto. Possivelmente, em algum momento de sua vida, você se deparou com a necessidade de organizar um currículo pessoal, para concorrer a um emprego, participar de um concurso ou algo do gênero. De acordo com sua experiência, como você define um currículo? Para que ele serve? A que interesses atende? Por que deve existir um currículo para a educação física? Como, por quem e para quem esse currículo deve ser pensado?

Quando falamos em *currículo*, inicialmente pensamos em um documento composto por registros de experiências pessoais que tem por finalidade apresentar o perfil profissional de um sujeito, não é mesmo? Embora isso seja um fato, o currículo pode apresentar outros formatos e finalidades. Por exemplo, ele pode ser um projeto composto por um plano de ideias (pessoais ou coletivas) e princípios norteadores direcionados a ações com finalidades específicas. Esse tipo de currículo é **vivo**, desde a sua elaboração até o seu desenvolvimento, visto que é pensado e estruturado para atender as necessidades imediatas de diferentes agentes sociais. Quando pensado dessa forma, o embate entre as opiniões dos agentes determina conexões que convergem para os propósitos do currículo, que é uma **construção coletiva**.

Visto isso, podemos tratar da construção do currículo em educação física. Conforme mencionado anteriormente, o currículo é pensado de um agente social para outro. No caso dos cursos de Educação Física, o currículo é construído por um grupo de professores do ensino superior, tendo como amparo legal a legislação vigente, e seu objetivo é direcionar a formação dos futuros profissionais da área. Para sua construção, inicialmente cabe ao grupo de especialistas discutir o **perfil do egresso** que se deseja constituir. Cabe ressaltar que estamos nos referindo ao direcionamento político/ideológico que conduzirá o plano das ideias[2] do curso em função da constituição de um perfil de formação profissional.

Nesse sentido, a primeira tarefa do grupo de profissionais responsável pela elaboração do currículo é refletir sobre as seguintes questões: Quem é o profissional de educação física? Como é sua atuação? Quais são suas potencialidades, fragilidades, valores e conhecimentos? Como é sua formação inicial e continuada?

Depois de responderem a esses questionamentos, os especialistas vão propor o perfil pretendido do profissional, que deve estar alinhado ao currículo do curso em construção. Perceba que o princípio de tudo é a análise reflexiva, situacional ou contextual profunda sobre a profissão.

O passo seguinte é a eleição dos **princípios gerais integradores da constituição do perfil profissional** que subsidiarão a eleição das **competências** e **habilidades** necessárias à formação. Os princípios se referem à proposição de categorias de domínios centrais que embasam a compreensão da ação do futuro profissional em função do perfil proposto.

Longe de pretendermos esgotar as possibilidades ou ainda relacionar todos os princípios norteadores das competências para a formação, vamos imaginar uma situação em que a instituição, em função do perfil do egresso previsto, elegeu como princípios gerais (PGs) os seguintes requisitos para a constituição do perfil

---

[2] Compreendemos como *plano das ideias* o direcionamento político/filosófico, didático/pedagógico e profissional do curso, que contempla as concepções de mundo, sociedade, profissão, formação, educação e educação física, os valores e as crenças pessoais dos envolvidos na elaboração do currículo.

de formação: autonomia, conhecimento, produção de conhecimento e relacionamento interpessoal. A partir da proposição desses PGs, são pensados os princípios norteadores das competências (PNCs), responsáveis por direcionar a elaboração das competências e habilidades necessárias à constituição do perfil de formação, assim como a metodologia e a matriz curricular do curso superior.

Quadro 1.1 Simulação de princípios para constituição de competências

	Princípios			
PG	Autonomia	Conhecimento	Produção de conhecimento	Relacionamento interpessoal
PNC	Confiança	Apropriação	Curiosidade	Alteridade
	Flexibilidade	Competência	Disciplina	Empatia
	Iniciativa	Maturidade	Espírito investigativo	Responsabilidade social
	Prática	Conhecimento prático	Espírito questionador	Proatividade
	Protagonismo	Raciocínio	Observação	Redes de contato
	Autossuficiência	Reflexão	Capacidade de síntese	Solidariedade

Definidos os princípios que nortearão a elaboração do currículo, o próximo passo é determinar as competências necessárias ao profissional.

Quadro 1.2 Competências e habilidades norteadoras do perfil de formação

PG	PNC	Competências e habilidades
Autonomia	Flexibilidade	Agir com flexibilidade nas diversas situações do cotidiano que requeiram tomada de decisão.
	Iniciativa, protagonismo	Ser capaz de buscar caminhos alternativos para resolver problemas, considerando toda a atividade humana como incerta e repleta de diversidades.
	Autossuficiência, prática	Identificar alternativas práticas, viáveis e racionais nas situações-problema que requeiram tomada de decisão.

É preciso observar que as competências foram pensadas em função do perfil do egresso, ou seja, do perfil, dos princípios e das competências que, em termos de direcionamento político/filosófico, estão diretamente ligados. Após a apresentação das competências, ainda no plano político/filosófico, o próximo passo é a discussão das concepções de formação, educação e educação física que fundamentarão a dimensão didático-pedagógica. Essa etapa se inicia pela metodologia, pelos critérios de avaliação e pela matriz curricular, esta última composta por todos os componentes curriculares (disciplinas, estágio curricular supervisionado, práticas formativas e atividades complementares), com carga horária, ementa e bibliografia específica já estabelecidas.

Figura 1.1 Representação gráfica de organização do currículo

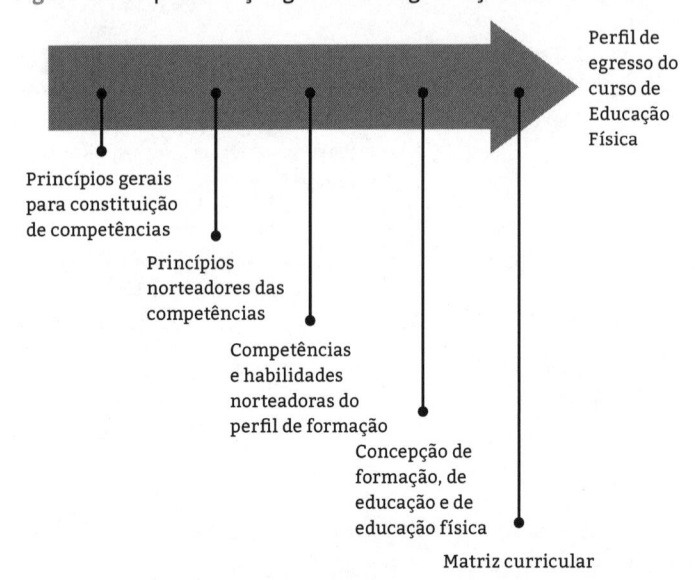

- Princípios gerais para constituição de competências
- Princípios norteadores das competências
- Competências e habilidades norteadoras do perfil de formação
- Concepção de formação, de educação e de educação física
- Matriz curricular
- Perfil de egresso do curso de Educação Física

Nunca é demais lembrar que a dimensão política está presente ao longo de todo esse processo. Desde o início, na escolha do perfil de egresso, a indicação do caminho a ser seguido é guiada por visões particularizadas a respeito da profissão, que têm como base o contexto atual e uma expectativa de criar o **modelo de profissional** que se espera formar. As visões sociais são permeadas por interesses que constituirão a identidade do profissional.

> *O currículo está implicado em relações de poder, o currículo transmite visões sociais particulares e interessadas, o currículo produz identidades individuais e sociais particulares. O currículo não é um elemento transcendente e atemporal – ele tem uma história, vinculada a formas específicas e contingentes de organização da sociedade e da educação.*
> (Moreira; Silva, 2002, p. 8)

No final da década de 1930 e início da década de 1940, quando foram criados os primeiros cursos de Educação Física no Brasil, consolidou-se um modelo que teve como base as forças sociais dominantes naquele período: a classe médica, os militares e os educadores. Com fundamento nas ciências biomédicas, que valorizavam a concepção anatomofisiológica e higienista de ser humano e sociedade, a educação física se voltou para a melhoria da saúde pública, que, por via da higiene, tinha como preocupação a erradicação de doenças na população. Ao mesmo tempo, atendendo à classe militar, foram estabelecidos os objetivos pátrio e cívico como projeto social de controle da população.

Do final da década de 1960 até a década de 1970, a influência da instituição esportiva determinava os conteúdos e objetivos dos cursos de licenciatura em Educação Física. Amparado pela Resolução n. 69, de 2 de dezembro de 1969 (Brasil, 1969), do Conselho Federal de Educação – CFE (Brasil, 1969) o currículo mínimo de tais cursos concebia o professor de Educação Física como técnico desportivo.

Nas décadas seguintes, a expansão do campo de trabalho da área propiciou o repensar do currículo e dos cursos de formação, propondo-se duas formações com currículos diferenciados (licenciatura e bacharelado). O foco do currículo, no que tange às questões da atuação profissional, deslocou-se da **aplicação didática** das sequências de aprendizagem para o **enfoque pedagógico**, ou seja, as preocupações voltadas aos processos de ensino-aprendizagem, expressos em manuais contendo formas de exercitação e procedimentos de ensino, cederam espaço para discussões de cunho pedagógico em torno das finalidades sociopolíticas da educação física.

Perguntas & respostas

1. Por que a dimensão política está presente durante todo o processo de construção do currículo?
Você deve ter percebido que não nos referimos aqui à política partidária, mas ao fato de que a elaboração do currículo implica relações de poder, visto que pressupõe escolhas a fazer e caminhos a seguir, nem sempre realizados de forma imparcial.

Assim, as escolhas feitas pelo conjunto de professores que elaboram o currículo são portadoras de concepções, crenças e interesses particulares que determinam os rumos que o curso seguirá. Nesse sentido, o currículo passa a guiar-se mais por questões sociológicas, políticas e epistemológicas do que por procedimentos, técnicas e métodos. Os embates travados por ocasião da elaboração do currículo, muitas vezes, propiciam divergências no currículo, uma vez que nem sempre há consenso entre os profissionais que o constroem.

No Quadro 1.3, apresentamos as considerações de alguns pesquisadores que se propuseram a investigar o currículo dos cursos de Educação Física e observaram influências externas e interesses implicados em sua elaboração.

Quadro 1.3 Considerações de autores sobre o currículo dos cursos de Educação Física

Autor/ano	Considerações apresentadas sobre a elaboração curricular
Alviano Junior (2011)	No processo de elaboração do currículo da universidade investigada, a ideia de trabalho coletivo se mostrou frágil e destituída de caráter democrático.
Aranha (2011)	A concepção pedagógica dos cursos pesquisados se apresentou "hibridizada" e o currículo reproduzia determinações gerais.

(continua)

(Quadro 1.3 – conclusão)

Autor/ano	Considerações apresentadas sobre a elaboração curricular
Cesário (2008)	A elaboração do projeto pedagógico do curso estudado reflete a diversidade de posicionamentos políticos, os conflitos de interesses e o próprio entendimento sobre o que é educação física e formação de professores.
Hunger e Rossi (2010)	Docentes e discentes universitários comprovam um pensar científico fragmentado e divergente, o que subentende a hipótese de que nem sempre o currículo do curso é produzido coletivamente.
Nunes (2010)	O currículo do curso estudado apresentou uma amálgama de interesses antagônicos, fragmentados e contraditórios.

Diante desse cenário, fica evidenciado que a elaboração do currículo pressupõe relações de poder e embates de diferentes forças, permeados por influências externas e conflitos internos das próprias instituições criadoras, com prevalência de individualidades e de práticas corporativistas. Embora o que tenha sido apresentado sejam apenas recortes do real não generalizável ao todo concreto, chamamos a atenção para fatores externos e internos que podem influenciar na elaboração dos currículos dos cursos de Educação Física.

1.5 Eixos teóricos, a formação profissional e o mercado de trabalho

Como salientado anteriormente, a educação física é uma área de intervenção pedagógica no âmbito da cultura corporal de movimento. Porém, sua definição nem sempre foi essa, visto que diversos valores sociais influenciaram a atuação profissional.

No período compreendido entre as décadas de 1940 e 1980, os discursos militar, médico e esportivo influenciaram a formação dos professores de Educação Física. Durante boa parte desse período, o campo de atuação desses profissionais se restringiu ao esporte. A formação dos profissionais da área ocorria nos cursos superiores, na chamada *licenciatura ampliada*, que se destinava a formar profissionais para trabalhar tanto no ambiente escolar quanto no extraescolar.

A década de 1980 foi marcada por mudanças substanciais na legislação dos cursos de formação de professores na área. Discussões que se estenderam desde o final da década de 1970 acabaram culminando na elaboração do Parecer n. 215, de 11 de março de 1987, do CFE (Brasil, 1987a), referente à reestruturação dos cursos de graduação em Educação Física. As mudanças incluíam uma nova caracterização, o mínimo de duração da carga horária do curso e os conteúdos a serem desenvolvidos. Esse parecer acabou resultando na publicação da Resolução n. 3, de 16 de junho de 1987, do CFE (Brasil, 1987b).

Esses dois documentos tiveram importância fundamental na trajetória dos cursos de formação de professores de Educação Física no país, uma vez que conferiram liberdade às instituições para a elaboração das matrizes curriculares desses cursos, além da possibilidade de escolha na formação inicial entre licenciatura e bacharelado.

Além dessas mudanças propostas na legislação, a década de 1980 foi marcada pela revisão crítica na formação de professores da área, até então limitada ao enfoque extremamente esportivo e pobre de fundamentação científica e filosófica. Esse período foi marcado, ainda, pela caracterização da educação física como área do conhecimento e pelas preocupações referentes aos objetivos e conhecimentos a serem tratados na educação básica. Houve também a ampliação do campo de atuação do profissional de educação física, antes restrito e vinculado à intervenção como professor e técnico desportivo.

A ocasião propiciada pela expansão do campo de atuação do profissional, com abertura de novas áreas de intervenção e ofertas de espaços destinados à prática de atividades e exercícios físicos, serviu como um campo fértil para a criação de um novo mercado de trabalho. Por outro lado, isso acarretou um acréscimo de disciplinas que promoveu a pulverização da matriz curricular dos cursos, gerando distanciamento de questões relacionadas à escola em função do atendimento das necessidades formativas associadas a essa nova demanda profissional.

A partir de 1997, instaurou-se um novo momento para os cursos de Educação Física. Como reflexo da Lei de Diretrizes e Bases da Educação Nacional (LDBEN) – Lei n. 9.394, de 20 de dezembro de 1996 (Brasil, 1996) –, houve a edição de uma série de orientações e documentos legais pelo Ministério da Educação, bem como a construção de novos referenciais teóricos e dados provenientes de pesquisas pedagógicas que demonstravam o esgotamento do modelo técnico-científico, o que foi decisivo para as mudanças nos currículos de formação inicial de professores.

Para a educação física, as legislações significaram a extinção da formação ampliada do professor generalista, apresentada anteriormente como dois em um, e a criação de novos cursos de licenciatura e bacharelado em Educação Física.

Isso implica dizer que o profissional de educação física pode atuar em diferentes espaços, desde que esteja em consonância com a formação obtida nos cursos superiores de graduação plena. Isso porque, atualmente, a formação desse profissional se dá em cursos distintos: licenciatura plena (voltada à formação do professor para atuação na educação básica) e graduação plena/bacharelado (voltado à formação do profissional que atuará em ambientes extraescolares). Diante disso, é razoável afirmar que a intervenção profissional em educação física abrange todo o campo de ação da área: as diversas produções humanas, como o jogo, o esporte, a ginástica, a musculação, a dança, as lutas/artes marciais e a ergonomia; e as práticas integrativas complementares com diferentes objetivos, como o exercício físico, a reabilitação, o lazer, a sociabilização, a gestão de empreendimentos e a educação/aprendizagem.

Atualmente, o campo profissional da educação física é bastante amplo e apresenta um mercado de trabalho promissor. A preocupação crescente dos brasileiros com a estética corporal e a saúde, bem como os megaeventos esportivos promovidos recentemente no país (Jogos Pan-americanos, Copa do Mundo de Futebol, Jogos Olímpicos, Jogos Paraolímpicos, entre outros) contribuíram para a constituição de um mercado de trabalho que tem se mostrado em ascensão.

A profissão, regulamentada pala Lei n. 9.696, de 1º de setembro de 1998 (Brasil, 1998a), apresenta um estatuto próprio, que indica o campo de atuação e as atividades desenvolvidas pelo profissional de educação física:

> *Art. 8º Compete exclusivamente ao Profissional de Educação Física coordenar, planejar, programar, prescrever, supervisionar, dinamizar, dirigir, organizar, orientar, ensinar, conduzir, treinar, administrar, implantar, implementar, ministrar, analisar, avaliar e executar trabalhos, programas, planos e projetos, bem como prestar serviços de auditoria, consultoria e assessoria, realizar treinamentos especializados, participar de equipes multidisciplinares e interdisciplinares e elaborar informes técnicos, científicos e pedagógicos, todos nas áreas de atividades físicas, desportivas e similares.*
>
> *[...]*
>
> *Art. 10 O Profissional de Educação Física intervém segundo propósitos de prevenção, promoção, proteção, manutenção e reabilitação da saúde, da formação cultural e da reeducação motora, do rendimento físico-esportivo, do lazer e da gestão de empreendimentos relacionados às atividades físicas, recreativas e esportivas.* (Confef, 2010)

Tendo em vista a diversidade de possibilidades apresentada, cabe ao licenciado ou graduado em Educação Física buscar sua inserção no mercado de trabalho, orientando sempre sua atuação de acordo com o campo de formação e a cédula de identidade profissional que o habilitará para o exercício profissional.

Síntese

Ao longo deste capítulo, apresentamos um levantamento sobre o objeto de estudo da educação física e a disputa travada no campo acadêmico, a qual tem influenciado a produção do conhecimento na área, para que pudéssemos esclarecer a configuração da educação física como área do conhecimento e como profissão, de natureza multi e interdisciplinar.

De maneira geral, explicamos que a educação física é uma área do conhecimento que produz conhecimentos científicos e filosóficos sobre diferentes manifestações, sentidos e significados construídos socialmente no âmbito da cultura corporal de movimento. É uma área de intervenção profissional e uma disciplina escolar da educação básica.

Depois de relatarmos como a educação física foi tratada até a década de 1980, apontamos que, na década de 1990, a produção acadêmica foi marcada pelo embate entre diversas correntes teóricas, que foram classificadas em duas matrizes com bases filosóficas distintas: a matriz científica e a matriz pedagógica. A matriz científica compreende a educação física como ciência. Seu discurso legitima práticas de pesquisa e conteúdos que apresentam teorias gerais sobre o por que fazer, não se atendo ao caráter profissional/pedagógico e ao como fazer. Com o *status* de ciência, a educação física passaria a ser compreendida então como ciência do movimento, ciência da ação motriz ou ciência da motricidade humana.

Na sequência, mostramos que a matriz pedagógica surgiu em resposta à crise que ocorreu na década de 1980, propondo outros fundamentos e possibilidades para a área. Essa matriz compreende a educação física como uma área do conhecimento e de intervenção pedagógica, que implica, portanto, na relação pedagógica, visto que seu papel, nos diferentes âmbitos de atuação profissional, pressupõe a relação entre ensinar e aprender. No entanto, essa matriz descarta a possibilidade de compreensão da educação física como ciência, pois seu caráter interdisciplinar implica compreender e explicar os fenômenos com base em estudos de outras ciências, como as ciências humanas e as ciências naturais.

Tendo em vista a educação física como área de intervenção profissional-pedagógica, apontamos que o objeto de estudo se torna a prática pedagógica, ou seja, o próprio campo profissional e a interação professor/aluno ou profissional/cliente. Assim, a pesquisa nessa área objetiva melhorias nas práticas que constituem a cultura corporal de movimento.

Em seguida, apresentamos o conceito de currículo vinculado à constituição de um curso de graduação. Como destacamos, o currículo do curso é pensado por um grupo de professores do ensino superior, levando-se em consideração um plano de ideias, as concepções pessoais ou coletivas desses professores, os princípios de coerência e os objetivos desse currículo.

A elaboração do currículo leva em consideração o perfil de profissional que se quer formar, para então serem definidos os princípios norteadores para esse perfil e as competências necessárias ao profissional, como a concepção de formação, a metodologia a ser utilizada, os critérios de avaliação e a matriz curricular (disciplinas, ementas e bibliografia utilizada no curso). Assim, no processo de construção curricular, estão envolvidas crenças e concepções pessoais, visões particularizadas e permeadas de interesse a respeito da profissão que constituirão a identidade do profissional.

Por fim, esclarecemos que a preocupação crescente dos brasileiros com a estética corporal, a saúde e o entretenimento tem motivado o crescimento do mercado de trabalho na área de educação física, tornando-a ainda mais promissora. Levando-se isso em conta, as funções do profissional de educação física devem estar pautadas nos propósitos de prevenção, promoção, proteção, manutenção e reabilitação da saúde e da reeducação motora, assim como devem considerar aspectos como o rendimento físico-esportivo, o lazer e a gestão de empreendimentos relacionados às atividades físicas, recreativas e esportivas.

Indicações culturais

Artigo

Para ampliar seus conhecimentos a respeito da disputa no campo acadêmico na área de educação física, leia o artigo a seguir, que é bastante completo e traz outras contribuições e explicações sobre esse complexo assunto.

BETTI, M. Educação física como prática científica e prática pedagógica: reflexões à luz da filosofia da ciência. **Revista Brasileira de Educação Física e Esporte**, São Paulo, v. 19, n. 3, p. 183-197, jul./set. 2005. Disponível em: <https://www.researchgate.net/publication/280922577_Educacao_fisica_como_pratica_cientifica_e_pratica_pedagogica_Reflexoes_a_luz_da_filosofia_da_ciencia>. Acesso em: 20 out. 2017.

Livro

Para aprofundar seus conhecimentos sobre o conceito de *educação física* e as bases que o sustentam, consulte a obra a seguir.

GONZÁLEZ, F. J.; FENSTERSEIFER, P. F. (Org.). **Dicionário crítico de educação física**. Ijuí: Ed. da Unijuí, 2005.

Atividades de autoavaliação

1. De acordo com o que você estudou neste capítulo, atualmente a educação física pode ser entendida como:
   a) um corpo de conhecimento sobre a matriz científica e a matriz pedagógica.
   b) uma parcela da cultura geral que abrange as formas culturais de movimento.
   c) uma área de atuação escolar voltada ao desenvolvimento físico e à aprendizagem esportiva.
   d) área do conhecimento, profissão e disciplina escolar.
   e) um corpo de conhecimento sobre a cultura.

2. Marque as afirmativas a seguir como verdadeiras (V) ou falsas (F).
   ( ) Como área do conhecimento, a educação física produz conhecimentos de natureza científica e filosófica em torno de seu objeto de estudo: a prática pedagógica no âmbito da cultura corporal de movimento.
   ( ) Como profissão, a educação física tem caráter de interventivo, elaborando, executando e avaliando programas de atividades físicas e esportivas para diversos grupos.
   ( ) As demandas sociais se avolumaram muito no Brasil desde a década de 1980, diversificando o campo de intervenção profissional da educação física.

( ) A educação física poderia ser definida como uma área do conhecimento e de intervenção profissional no âmbito da cultura oficial.

( ) A educação física objetiva a melhoria qualitativa das práticas constitutivas da cultura corporal de movimento, mediante referenciais científicos, filosóficos e pedagógicos.

Agora, assinale a alternativa que corresponde à sequência correta:

a) V, V, F, F, V.
b) V, V, V, V, V.
c) V, V, V, F, V.
d) F, F, V, V, F.
e) F, V, V, F, V.

3. Para a superação dos modelos curriculares vigentes na formação do profissional de educação física, podem ser considerados como pontos vitais:

I. a delimitação do objetivo da formação, tendo em vista o *locus* privilegiado da atuação do profissional.

II. a redefinição das relações entre teoria e prática embasada na prática profissional/atuação como eixo central do currículo.

III. o fato de que a prática profissional deve manter um diálogo privilegiado, mas não único, com as teorias científicas e filosóficas, caracterizando um processo de reflexão e ação nos diversos espaços e tempos da organização curricular.

Agora, assinale a alternativa correta:

a) Somente as alternativas II e III são verdadeiras.
b) Somente as alternativas I e II são verdadeiras.
c) Somente a alternativa I é verdadeira.
d) Todas as alternativas são verdadeiras.
e) Somente a alternativa III é verdadeira.

4. Com relação às matrizes científica e pedagógica da educação física, marque MC para as características da matriz científica e MP para as da matriz pedagógica.
   ( ) Surgiu em resposta à crise da década de 1980.
   ( ) Refere-se a um corpo de conhecimentos que compreende aqueles fatos e hipóteses organizados em torno da compreensão da função do corpo humano praticando exercícios.
   ( ) Os defensores dessa matriz criticam as bases epistemológicas das ciências da natureza, associando a si próprios com as ciências humanas.
   ( ) Visa ao estudo das constantes tendências da motricidade humana, em ordem do desenvolvimento global do indivíduo e da sociedade, tendo como fundamento simultâneo o físico, o biológico e o antropossociológico.
   ( ) Envolve fragmentação e especialização crescentes em decorrência do desenvolvimento das subáreas.
   ( ) Os defensores dessa matriz buscam resguardá-la na escola e, com isso, restringem seu alcance conceitual.
   ( ) Promove deslocamento do foco de uma prática historicamente situada para outra, entendida como ciência, objetivando-se compreender ou explicar uma parte do real.
   ( ) Implica distanciamento entre produção científica (definida como teoria) e o mundo profissional (prática).

   Agora, assinale a alternativa que corresponde à sequência correta:
   a) MC, MP, MP, MC, MP, MP, MC, MP.
   b) MP, MC, MP, MC, MC, MP, MC, MC.
   c) MP, MC, MP, MC, MC, MC, MC, MP.
   d) MC, MP, MC, MP, MC, MP, MP, MC.
   e) MP, MC, MC, MP, MP, MP, MP, MC.

5. De acordo com a Lei n. 9.696/1998, o profissional de educação física:
   I. é especialista nas diversas manifestações da atividade física: ginásticas, exercícios físicos, desportos, jogos, lutas, artes marciais, danças, atividades rítmicas e expressivas, lazer e recreação.
   II. atua nas práticas de reabilitação, ergonomia, relaxamento corporal, ioga e exercícios compensatórios à atividade laboral e do cotidiano.
   III. presta serviços que favorecem o desenvolvimento da educação, da saúde e do controle epidêmico e sanitário, contribuindo para a capacitação e/ou recuperação de doenças, de níveis adequados de desempenho e condicionamento fisiocorporal dos seus beneficiários.
   IV. visa à consecução do bem-estar e da qualidade de vida, da consciência, da expressão e estética do movimento, da prevenção de doenças, de acidentes, de problemas posturais e da compensação de distúrbios funcionais.
   V. contribui para a consecução da autonomia, da autoestima, da cooperação, da solidariedade, da integração, da cidadania e das relações sociais e para a preservação do meio ambiente, observados os preceitos de responsabilidade, segurança, qualidade técnica e ética no atendimento individual e coletivo.

   Agora, assinale a alternativa correta:
   a) As afirmativas I e II são as únicas verdadeiras.
   b) As afirmativas III e V são as únicas verdadeiras.
   c) Somente a afirmativa I é falsa.
   d) Somente as afirmativas III e V são falsas.
   e) Somente a afirmativa III é falsa.

Atividades de aprendizagem

Questões para reflexão

1. Faça uma análise das bases fundamentadoras do espaço de atuação do profissional de educação física entre os séculos XIX e XX, comparando-as às bases contemporâneas.

2. Dê sua opinião a respeito do processo de construção do currículo em educação física, apontando se você o considera adequado para a construção de qualquer currículo.

Atividade aplicada: prática

Levando em consideração a elaboração do currículo em educação física, utilize os exemplos estudados neste capítulo, bem como os conhecimentos que você tem sobre o tema, e crie um quadro com uma simulação de princípios para a constituição de competências e habilidades que você entende como essenciais ao profissional de educação física.

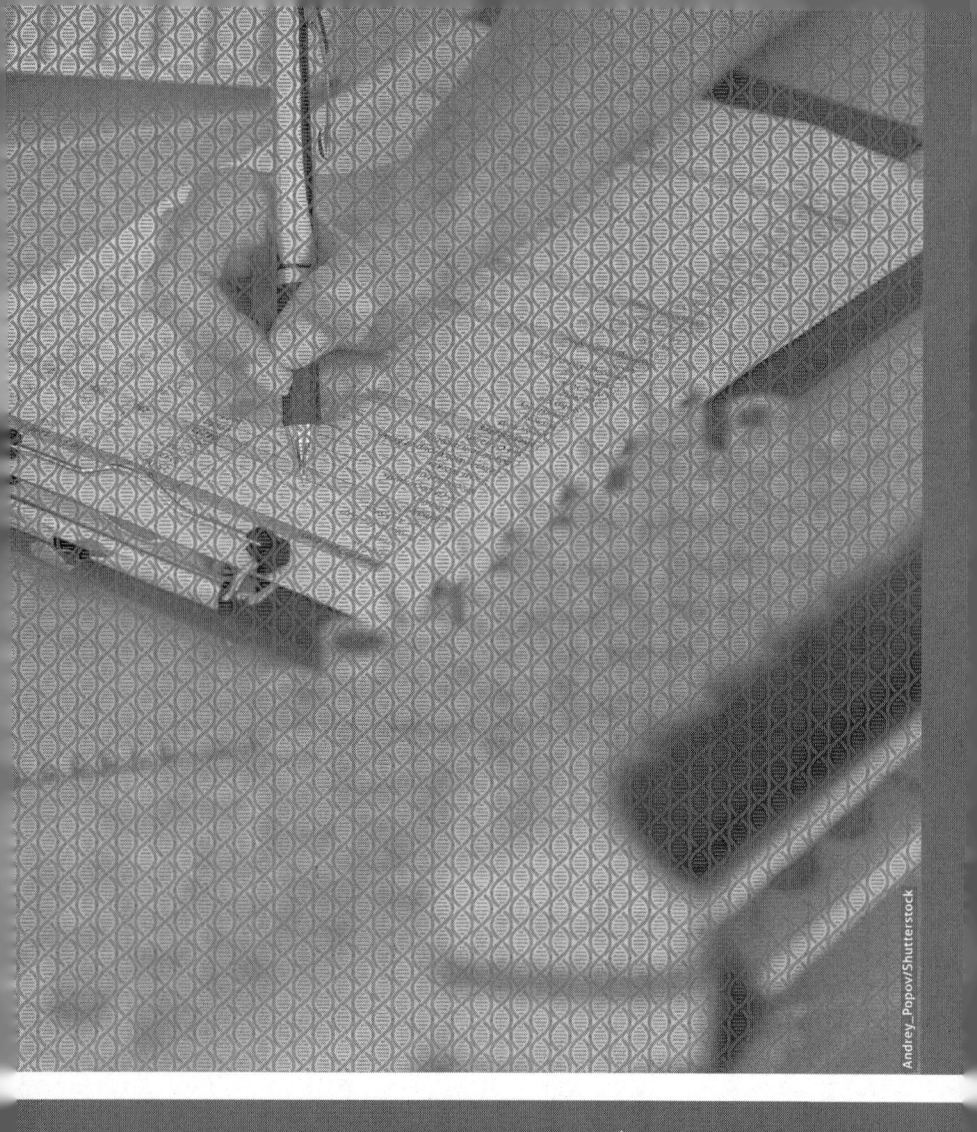

Capítulo 2

As influências epistemológicas
da educação física

Nos dias de hoje, não é raro identificarmos pessoas que não são formadas em Educação Física discutindo com certa propriedade temas relativos à área. Fundamentadas no senso comum, essas pessoas disseminam informações como se fossem verdades absolutas – como a indicação de exercícios para emagrecer ou ganhar massa muscular. Isso acaba perpetuando uma cultura de desorientação, em que todos acreditam conhecer os conceitos científicos que envolvem a educação física.

Tendo isso em vista, neste capítulo abordaremos algumas das principais questões da educação física em seu contexto de produção científica. Trataremos, ainda, do conceito de *ciência* e das principais ciências que estão ligadas à área em questão, a fim de esclarecer as diferenças entre suas matrizes epistemológicas.

2.1 Saber científico em educação física

Para iniciar a seção, gostaríamos de propor uma reflexão. Lembre-se de algumas afirmações a respeito da educação física que integram o conhecimento popular, como "crianças gostam de brincar", "exercício físico emagrece" e "esporte é saúde".

Embora fundamentadas no senso comum, frases como essas são difíceis de serem questionadas. Por exemplo, quem duvidaria que crianças gostam de brincar, se vemos isso acontecendo com frequência? Da mesma forma, como questionar informações sobre os benefícios dos exercícios físicos, como o emagrecimento, se elas circulam a todo instante nos meios de comunicação?

Diferentemente do senso comum, as ciências explicam de maneira mais consistente o motivo das coisas. Embora as crianças, de fato, gostem de brincar, cada área do conhecimento explica isso de determinada maneira. A antropologia afirma, por exemplo, que a brincadeira é a forma como a criança se relaciona com o mundo; a sociologia, por sua vez, entende a brincadeira como uma atividade social e cultural; já a psicologia compreende que a brincadeira concede à criança vantagens sociais, cognitivas e afetivas.

No caso dos benefícios ocasionados pelos exercícios físicos, entretanto, encontramos um problema ao comparar conhecimento científico e senso comum. Os fisiologistas já comprovaram que não é qualquer exercício que emagrece. Além disso, para aumentarem o rendimento e a massa muscular, assim como para maximizarem treinamentos e controlar a gordura corporal, muitos atletas têm utilizado anabolizantes.

O senso comum é, portanto, uma forma simplista de compreensão da realidade, direcionada por costumes e tradições, ou seja, os conhecimentos não são gerados por método científico ou filosófico (construído por intermédio da teoria e do método). Contudo, se o senso comum não é construído por meio do método, como ele é gerado? Por não ter relação com o método científico ou filosófico, sua construção ocorre na própria **interação do sujeito com o mundo**. Os conhecimentos que têm como base o senso comum, em geral, são empíricos (obtidos pela experiência cotidiana/particular), pragmáticos (práticos), provisórios, acríticos, superficiais, generalistas e limitados.

Perguntas & respostas

1. Como distinguir o senso comum do conhecimento científico?
O que diferencia esses dois aspectos é o rigor, a desconfiança das certezas e o pensamento crítico presentes no campo científico. Antes de se crer em fatos, hipóteses e acontecimentos, a atitude científica implica a análise de situações-problema como possíveis hipóteses. Tais hipóteses tendem a ser testadas e submetidas à análise teórica, o que pode originar novas teorias.

No início do século XVII, durante o período iluminista, o ser humano buscou conhecer o mundo e a si próprio de outra forma, o que o levou a produzir novos conhecimentos e a formular hipóteses. Para verificar a veracidade dessas hipóteses, o homem começou a realizar experimentos.

Tendo isso em vista, com o objetivo de apresentar dados consistentes, o homem passou a desenvolver métodos próprios para a aferição, o controle e a produção da pesquisa:

> A ciência distingue-se do senso comum porque este é uma opinião baseada em hábitos, preconceitos, tradições cristalizadas, enquanto a primeira baseia-se em pesquisas, investigações metódicas e sistemáticas e na exigência de que as teorias sejam internamente coerentes e digam a verdade sobre a realidade. A ciência é **conhecimento** que resulta de um trabalho racional. (Chaui, 1998, p. 251, grifo do original)

Observe, no Quadro 2.1, de que maneira as ciências foram distribuídas.

Quadro 2.1 Uma classificação para as ciências

Ciências	Ramos específicos	Campos de estudo
Ciências matemáticas ou exatas	Sistematização dos modos de contar.	Raciocínio lógico; estudo de formas, estruturas, quantidades, estatísticas, entre outros aspectos.
Ciências naturais ou experimentais	Fenômenos físicos.	Diversos ramos da física (mecânica, óptica etc.) química, astronomia etc.
	Fenômenos vitais ou biológicos.	Anatomia, botânica, genética, fisiologia, zoologia etc.
Ciências humanas ou sociais	Estudo do ser humano e da sociedade.	Sociologia, psicologia, antropologia, geografia humana, economia, história etc.
Ciências aplicadas	Ramo das ciências voltado à aplicação de conhecimentos de caráter operatório e pragmático para intervir na natureza, na vida humana e na sociedade.	Direito, medicina, engenharia, informática etc.

Como visto no Capítulo 1, no entanto, a educação física não é uma ciência, e sim uma área interdisciplinar que se fundamenta em outras ciências, como as ciências naturais e humanas, para a aferição, o controle, a análise e a produção do conhecimento. Nesta obra, consideramos como objeto de estudo da educação física a intervenção profissional ou prática pedagógica nas diferentes manifestações da cultura corporal de movimento.

Perguntas & respostas

1. Então será que a produção de conhecimento em educação física acontece por vias do senso comum?

Não. A área tem abrangência multidisciplinar, ou seja, a produção científica utiliza métodos próprios das diferentes ciências – ciências naturais e ciências humanas – para aferição, controle, análise e produção (precisas, objetivas e sistemáticas) do conhecimento sobre o seu objeto de estudo – intervenção profissional ou prática pedagógica nas diferentes manifestações da cultura corporal de movimento. Assim, **a produção científica em educação física acontece a partir do objeto de estudo e dos métodos dos diversos campos e subdivisões das ciências.**

2.2 Ciências naturais

No Capítulo 1, mencionamos que a área de educação física, desde sua introdução nos currículos escolares das escolas brasileiras, apresenta forte relação com as ciências biológicas. Um exemplo disso foi a valorização dada às características anatomofisiológicas por meio da utilização dos métodos ginásticos e esportivos como forma de promover a saúde e a higiene. Nas últimas décadas, contudo, tais finalidades começaram a ser revistas e expandidas.

Para que você compreenda melhor a abordagem teórica das ciências naturais, apresentamos no Quadro 2.2 alguns princípios que a constituem.

Quadro 2.2 Características do método das ciências naturais

Princípios	Descrição e exemplo
Procedimento de experimentação	O objeto de estudo é observável e pode ser testado em experimento – em outras palavras, o pesquisador observa os fatores que promovem a variação do objeto. Exemplo: Um pesquisador seleciona um músculo e o submete a estímulos para medir suas reações. Nesse caso, o estímulo pode ser a variável (intensidade da carga, volume de trabalho, tempo de duração do estímulo etc.), sendo que a mudança da variável modifica a condição do observado (músculo). Diante do resultado, o pesquisador elabora uma hipótese e realiza novos experimentos para negá-la ou confirmá-la. Se a hipótese for confirmada, chega-se à **lei do fenômeno estudado**, uma regra que tem como base algum fenômeno que ocorre com regularidade.
Leis gerais	Essas leis exprimem relações necessárias, regulares e universais entre os objetos investigados. Com base nessas relações, os investigadores podem formular novas hipóteses e utilizar outras variáveis ou experiências, a fim de ampliar ou produzir novos conhecimentos. Exemplo: Com base na lei produzida (exemplo anterior), o resultado do experimento é submetido a um novo experimento. Para isso, é necessário introduzir um novo elemento, como algum tipo de estimulante sintético ou vitamina para potencializar o estímulo. Observe que, embora outra variável tenha sido introduzida e isso possa promover mudanças no resultado, partiu-se de uma lei geral para o resultado poder ser testado. Diante disso, a lei científica possibilita a descrição, compreensão e explicação de fenômenos similares e de outros novos, porém derivados do primeiro.

(continua)

(Quadro 2.2 – conclusão)

Princípios	Descrição e exemplo
Causa e efeito	Esse princípio implica conceber a natureza como uma teia articulada de seres e de fenômenos interdependentes, cujas ações promovem uma reação. Ao analisarmos o exemplo dado, podemos perceber que o efeito causado no músculo (efeito) depende do estímulo/variável (causa), ou seja, a resposta muscular está subordinada ao estímulo, visto que é o estímulo que induz a resposta. Diante disso, a função do músculo é invariável, mas as ações exercidas diante dos estímulos são variáveis.
Regularidade do fenômeno	Esse princípio valida a lei do fenômeno estudado ao estabelecer o ponto de partida (meios teóricos) para novas investigações. As pesquisas que se utilizam das ferramentas das ciências naturais buscam trabalhar com frequências de repetições do fenômeno, ou seja, com invariantes ou constância de respostas. Temos como exemplo a explicação que deriva do exemplo dado (a resposta muscular é dependente do estímulo). Essa resposta se repete e só haverá variação se o estímulo for modificado.

Como mencionado anteriormente, esses são alguns princípios que caracterizam as pesquisas nas ciências naturais e que foram importantes para a educação física, uma vez que promoveram a ampliação dos conhecimentos a respeito do movimento humano, em especial os relativos à biologia, à cinesiologia, à fisiologia e suas derivações. Foi esse campo de pesquisa, por exemplo, que permitiu a definição de proposições sobre o que fazer para arremessar mais forte, correr mais rápido ou em maiores distâncias, saltar mais alto, acertar o alvo, chutar com precisão e ter mais controle sobre o movimento.

É válido destacar, ainda, que as produções nesse campo de pesquisa especializaram-se em compreender a natureza biológica do ser humano e do corpo em movimento, explicado com base em experiências realizadas em laboratório – embora existam casos em que a coleta de informações é realizada no campo (fora do laboratório, mais especificamente em âmbito profissional) e encaminhada para análise nos laboratórios especializados.

Apesar da importância das pesquisas em educação física que provêm das ciências biológicas, estas não contemplam as implicações sociais, políticas e culturais presentes na **prática pedagógica**, cujas dimensões não são mensuráveis, generalizáveis, constantes ou regulares. Em outras palavras, existem muitos fatores que não podem ser controlados, mesmo nas pesquisas feitas em laboratório. Assim, além da compreensão a respeito dos fatores biológicos que influenciam o movimento, há outros fatores, explorados pelas ciências humanas, que auxiliam em sua compreensão. Trataremos desse tema na próxima seção.

Antes disso, entretanto, é interessante esclarecer que os apontamentos apresentados nesta seção foram simplificados, visto que a ciência é muito mais ampla e profunda. Em virtude dessa complexidade, certamente não é possível resumi-la em poucas linhas, nem é nosso papel promover uma discussão científica e filosófica a esse respeito.

2.3 Ciências humanas

Como afirmado anteriormente, a produção de conhecimento em educação física ocorre com base em diversos campos de estudo e subdivisões das ciências. Assim, os métodos das ciências humanas também são utilizados para a produção do conhecimento em educação física, pois, diferentemente das ciências da natureza, esse campo não se interessa apenas pelo corpo humano: o próprio ser humano é seu objeto de estudo.

Em termos históricos, podemos considerar as ciências humanas como um campo científico recente, pois este se estabilizou apenas no século XIX – até então, tudo o que se referia ao ser humano era explicado pela filosofia. As ciências humanas surgiram após a constituição da ideia de *cientificidade* (pela matemática e pelas ciências naturais), mas só conseguiram conquistar o *status* de ciência depois de integrarem, inicialmente, leis, métodos e técnicas propostas pelas ciências naturais. No entanto, como não era possível utilizar os princípios das ciências naturais da forma como eram propostos, os resultados oriundos das pesquisas em ciências humanas passaram a ser questionados no âmbito da ciência e da filosofia – no caso, o fato de o ser humano ser tratado como objeto de estudo.

Para exemplificarmos os questionamentos que os cientistas e filósofos endereçavam às ciências humanas, explicitaremos os princípios das ciências naturais e tentaremos aplicá-los ao estudo acerca do ser humano.

Imagine que quiséssemos fazer um **procedimento experimental** referente à história do Brasil. Isso seria possível? Como faríamos um experimento com um fato que ocorreu há mais de 500 anos? Ainda que isso fosse admissível, seria possível, com base na maneira como supostamente o Brasil foi descoberto, criarmos uma lei geral, propondo que a descoberta do Brasil aconteceu ao acaso e que, portanto, todos os países surgiram da mesma forma? Poderíamos determinar que os índios foram os primeiros habitantes de todos os países? Perceba que a **causa** seria o acaso e o **efeito** seria o descobrimento. Assim, poderíamos propor a **regularidade do fenômeno**.

As ciências naturais lidam com fatos observáveis, ou seja, com fatos objetivos que se baseiam em **procedimentos de experimentação** em laboratório. Tendo isso em vista e pensando no campo de estudo das ciências humanas, consideremos agora o seguinte tema: o afeto dos torcedores de futebol por seus times. Como podemos mensurar a afetividade dos torcedores pelo seu time de futebol? É possível encontrar uma **lei geral** que exprima a afetividade de torcedores? Isso pode ser **generalizável** a todos os torcedores e a todos os clubes?

Note que, em ambos os casos, é muito difícil definir um procedimento experimental. Você também não questionaria pesquisas que trouxessem dados precisos sobre os temas desses exemplos? Afinal, o ser humano apresenta características subjetivas, como sensibilidade, afetividade, cultura, conhecimento e sociabilidade, as quais não são generalizáveis nem podem traduzir-se em objetividade.

Nos exemplos citados, buscamos esclarecer por que esses dois campos científicos não podem se valer dos mesmos métodos. Observe que neles há certa diferenciação entre **natureza** e **seres humanos**: enquanto a natureza é única e objetiva, os seres humanos são diferentes entre si e subjetivos, o que torna os métodos aplicados às ciências naturais insuficientes para esse campo de pesquisa, visto que, em vez do método de observação/experimentação, as ciências humanas se voltam à interpretação e compreensão das ações humanas.

2.3.1 Ciências humanas e educação física

Na primeira metade do século XX, as ciências humanas se constituíram efetivamente com base em três correntes de pensamento: a fenomenologia, o estruturalismo e o marxismo.

Quadro 2.3 Correntes de pensamento que constituíram as ciências humanas

Corrente de pensamento	Contribuição
Fenomenologia	Inicialmente, essa corrente contestou a existência de leis gerais aplicadas ao ser humano e introduziu os conceitos de *essência* e *significação* para diferenciar internamente realidades distintas. A primeira diferença trabalhada foi entre a essência do homem e a da natureza, o que culminou na busca das diversas essências do homem (cultural, histórica, psicológica e social). Isso proporcionou a criação de áreas científicas específicas para cada objeto de estudo, como a antropologia, a economia, a história, a linguística, a psicologia e a sociologia.
Estruturalismo	Essa corrente de pensamento compreende os fatos humanos como estruturas organizadas de acordo com princípios internos e próprios, que criam e comandam seus elementos ou partes, dando a eles sentido pela posição e função que ocupam no todo. Em outras palavras, os fatos humanos constituem uma totalidade dotada de sentido próprio. Esse entendimento contribuiu para a criação de métodos de estudo específicos das ciências humanas.

(continua)

(Quadro 2.3 – conclusão)

Corrente de pensamento	Contribuição
Marxismo	O marxismo possibilitou a percepção de que os fatos humanos são marcados por articulações entre instituições sociais e históricas produzidas pelas condições objetivas da ação e do pensamento dos indivíduos. Para manter as instituições sociais, criam-se ideologias, valores, símbolos e significados que as justificam, as legitimam e as sustentam pela força das palavras, pelas leis ou pela repreensão. As relações entre indivíduos e sociedades é permeada pelo materialismo (relações econômicas – capital). O marxismo permitiu às ciências humanas compreender a articulação entre o plano psicológico e o social; as relações entre economia e sociedade/política; a interpretação racional das leis que permeiam as relações entre psicologia, sociedade, economia e política; o fato de que os humanos são historicamente determinados pelo materialismo; e de que o sentido histórico garante a interpretação do conjunto de ideias que a sociedade produz.

A partir das contribuições dessas correntes de pensamento incorporadas às ciências humanas, foi possível demonstrar que os fenômenos naturais são diferentes dos fenômenos humanos que estes têm leis, sentido e significado próprios e são históricos. Mas o que, efetivamente, o surgimento das ciências humanas propiciou para a educação física brasileira?

Olhar para a educação física a partir dos referenciais das ciências humanas pressupõe, inicialmente, considerá-la também como um fenômeno sociocultural, e não apenas biológico. Dessa forma, o corpo biológico e o movimento humano passam a ser estudados com base em uma nova concepção, o que, por sua vez, pressupõe a ampliação do conceito de *corpo*.

As pesquisas nas ciências naturais produziram importantes conhecimentos a respeito da cinética do movimento. A fisiologia, por exemplo, preocupou-se em compreender os mecanismos internos de funcionamento do corpo e, consequentemente, descobriu formas para melhorar a condição física do esportista, como hidratação e alimentação adequada.

E as ciências humanas?

Da mesma forma que as ciências naturais, as ciências humanas têm apresentado importantes contribuições para a educação física. Como exemplo, vamos cansiderar o seguinte caso: uma análise do futebol com base na corrente estruturalista.

O futebol, além de um esporte, é um fato humano, visto que se trata de uma parte que integra um sistema maior. Podemos definir esse sistema como *sistema esportivo*, que é integrado a uma estrutura composta de muitos sistemas (social).

O sistema esportivo é organizado com base em princípios internos e próprios que o comandam. Nesse sentido, o futebol, como parte desse sistema, submete-se a tais princípios, como organismos internacionais, regras, torcidas, organização de eventos, submissão ao controle interno e externo, transmissão de eventos e megaeventos em tempo real, história, cultura local, divulgação, mídia, *marketing*, profissionalização, iniciação, contratos e ídolos. Esses aspectos atribuem ao futebol sentido e função social.

O esporte (no caso, o futebol) integrante do sistema esportivo, submetido aos princípios do sistema e parte da estrutura social, possibilita a definição de diferentes objetos de estudo para as ciências humanas (profissionalização no esporte; influência da mídia no esporte; formação de atletas; legado dos megaeventos esportivos etc.), que podem ser analisados por diversos vieses, como o psicológico, o antropológico e o filosófico.

Por exemplo, ao tomarmos a formação de atletas como objeto de estudo, podemos analisar os aspectos psicológicos envolvidos na formação dos atletas de futebol. Mudando o campo de investigação, podemos examinar os aspectos históricos da formação de atletas de futebol no Brasil. É possível, ainda, com base na economia, investigar os investimentos realizados na formação de atletas, o retorno para os clubes, as grandes transações envolvendo jogadores da base etc.

Perceba que, nesse exemplo, a preocupação expressa se concentra em torno da compreensão e interpretação do fato humano pelo viés da sociologia e da psicologia. Para a educação física, as pesquisas realizadas com base nesse referencial propiciaram novas discussões, sobretudo ao apresentarem o conceito de *cultura* atrelado aos conceitos de *corpo* e *movimento*, constituindo um novo campo de estudo e de atuação profissional na área.

2.4 Ciências da saúde

Antes de tratarmos das ciências da saúde, é importante deixarmos claro que não há um consenso acadêmico em relação à composição dessa área. Não se pode também afirmar que o campo de intervenção e pesquisa desse ramo configure uma ciência pura, porque uma ciência deve apresentar estatuto, método e princípios próprios que a caracterizam como tal. Assim, definem-se como as três grandes áreas das ciências as exatas, as biológicas e as humanas. As demais ciências – por exemplo, do esporte, do direito e da informação – configuram o que se convencionou chamar de *ciências aplicadas*. Como o próprio nome sugere, trata-se de ramos das ciências que aplicam as teorias (leis), os princípios e os métodos das ciências-mães para produzir conhecimentos, ou seja, não apresentam identidade teórica própria e instrumentos próprios para questionar, interpretar e explicar a realidade.

Nesse sentido, as ciências da saúde constituem uma área do conhecimento que utiliza os métodos das ciências naturais e humanas para produzir conhecimentos referentes ao seu objeto de estudo: a prevenção, a promoção, o diagnóstico e o tratamento da saúde. No Quadro 2.4 estão explicitadas as profissões que compõem essa área.

Quadro 2.4 Áreas de especialidade das ciências da saúde

Área do conhecimento	Especialidade[1]
Medicina	Clínica médica, dermatologia, endocrinologia, cardiologia, pneumologia, pediatria, neurologia, doenças infecciosas e parasitárias, radiologia médica, anatomia patológica e patologia clínica, ginecologia e obstetrícia, ortopedia, cirurgia pediátrica, anestesiologia e oftalmologia etc.
Nutrição	Bioquímica da nutrição, dietética, análise nutricional de população, desnutrição, desenvolvimento fisiológico etc.
Odontologia	Ortodontia, odontopediatria, periodontia, endodontia, radiologia odontológica, odontologia social e preventiva, materiais odontológicos etc.
Farmácia	Farmacotecnia, farmacognosia, análise toxicológica, análise e controle de medicamentos, bromatologia etc.
Enfermagem	Enfermagem médico-cirúrgica, enfermagem obstétrica, enfermagem pediátrica, enfermagem psiquiátrica, enfermagem de doenças contagiosas, enfermagem de saúde pública etc.

(continua)

---

[1] Para cada área do conhecimento das ciências da saúde, apresentam-se algumas das especialidades de intervenção e pesquisa.

(Quadro 2.4 – conclusão)

Área do conhecimento	Especialidade[1]
Saúde coletiva	Epidemiologia, saúde pública, medicina preventiva etc.
Educação física	Atividade física para pacientes oncológicos, exercício físico e promoção da saúde, exercício físico e controle de doenças crônicas, atividades físicas para grupos especiais, educação física na atenção básica à saúde (unidades básicas de saúde – UBSs) etc.
Fonoaudiologia	Neuropsicologia, fonoaudiologia do trabalho, fonoaudiologia neurofuncional, gerontologia, fonoaudiologia educacional, saúde coletiva, linguagem, disfagia, motricidade orofacial, voz etc.
Fisioterapia	Fisioterapia dermatofuncional, fisioterapia esportiva, fisioterapia do trabalho, fisioterapia neurofuncional, fisioterapia oncofuncional, fisioterapia respiratória, fisioterapia traumato-ortopédica, osteopatia e quiropraxia, saúde coletiva, saúde da mulher etc.
Terapia ocupacional	Terapia hospitalar, extensão de medidas de reabilitação, saúde mental, ampliação das redes sociais de suporte de grupos desfavorecidos, processos de ressocialização, saúde do trabalhador (ergonomia, adaptações, saúde mental) etc.

As pesquisas nessa área do conhecimento, principalmente a partir da segunda metade do século XX, foram ampliadas. De acordo com a Constituição da Organização Mundial da Saúde (OMS/WHO), de 1946, a saúde passou a ser considerada algo além da ausência de doença, tornando-se "um estado de completo bem-estar físico, mental e social" (OMS, 1946).

Essa nova definição, que evidenciou o objetivo de tomar o homem em toda a sua complexidade como objeto de investigação, foi ainda muito questionada, uma vez que rompia com o conhecimento unilateral e exclusivo da biologia como razão científica e, ao mesmo tempo, estabelecia laços com a psicologia e as ciências sociais (psiquismo afetivo e cognitivo, históricos da saúde, saúde e coletividade etc.). Tais mudanças conduziram à ampliação do campo de pesquisa na saúde pública, anteriormente voltada somente à prevenção de doenças e, posteriormente, à promoção da saúde.

Perguntas & respostas

1. **Você sabe qual é a diferença entre prevenção de doença e promoção da saúde?**
   - **Prevenção de doença:** Se a saúde é a ausência de doença, é preciso prevenir para não ficar doente, seja por meio do acesso a remédios e vacinas, seja por meio de consultas regulares a um médico e da realização de exames de rotina. Nesse caso, as pesquisas trabalham em função do combate à doença por meio de métodos preventivos e intervenções medicamentosas para a eliminação de todos os tipos de sintomas e doenças, contribuindo com a saúde individual.
   - **Promoção da saúde:** A preocupação com a saúde coletiva da população levou a ações que prezam por uma vida equilibrada, saudável e em harmonia, a fim de se atingir o bem-estar social, físico e mental. Aqui cabem alguns questionamentos a respeito desse conceito: O que seria uma vida equilibrada e harmoniosa? O que seria um perfeito bem-estar? Para muitos, tal conceito e condição são utópicos, visto que é improvável chegar a uma conclusão sobre o significado do termo *perfeito*. Ainda que o conceito seja questionado, a promoção da saúde pode ser entendida como a capacitação individual ou coletiva para promover

ou modificar os indicadores da saúde em benefício da própria qualidade de vida e, por isso, envolve diferentes ações e iniciativas individuais, coletivas, dos núcleos de saúde, do Poder Público, de órgãos privados, entre outras. Essa é a concepção admitida atualmente, caracterizando-se como uma grande área de pesquisa e intervenção profissional.

Observe que, quando se faz referência à prevenção de doenças, o que vem à mente é o tratamento ou prevenção por indicação medicamentosa, campanha de vacinação ou de cuidados para que não haja contaminação por uma doença específica. Essas são preocupações mais associadas à área médica ou biomédica. Dessa maneira, podemos perceber que prevenção e tratamento não significam promoção de saúde.

A promoção da saúde está ligada a uma ação mais ampla, que envolve diferentes profissionais em ações inter e multidisciplinares. O objetivo é convencer a população sobre a necessidade dos cuidados com a saúde, que vão além da preocupação com a doença. Nesse sentido, a preocupação com a saúde passou a integrar um campo de pesquisa e intervenção muito mais amplo, que abrange pesquisas nas áreas das ciências naturais e humanas.

2.5 Ciências do movimento humano

No conteúdo apresentado até aqui, esclarecemos que a educação física não é uma ciência, mas uma área do conhecimento acadêmico/profissional que utiliza teorias e métodos de diversas ciências para construir seu objeto de estudo e direcionar a intervenção pedagógica.

Por ser legitimada no âmbito profissional como uma área de intervenção imediata (como a pedagogia, a medicina, a odontologia e o direito), seu campo de atuação é o das pesquisas aplicadas. Seu campo de estudo advém dos problemas relativos à **prática pedagógica** e à **atividade de intervenção no âmbito das construções humanas sobre o movimento**, denominado *cultura corporal, cultura de movimento* ou *cultura corporal de movimento*. Essa cultura refere-se àquela

> *parcela da cultura geral que abrange as formas culturais que se vêm historicamente construindo, nos **planos material e simbólico**, mediante o exercício da motricidade humana – jogo, esporte, ginásticas e práticas de aptidão física, atividades rítmicas/expressivas e dança, lutas/artes marciais.* (Betti, 2001, p. 156, grifo nosso)

Assim, podemos compreender as **ciências do movimento humano** como um campo de conhecimento que tem como objeto de estudo os problemas inerentes ao movimento humano, ou melhor, às áreas de intervenção profissional que lidam com o movimento humano. Essas ciências representam, portanto, um amplo campo de estudo voltado à compreensão tanto dos aspectos biológicos quanto dos aspectos culturais do movimento humano.

Além de se valer de teorias, métodos e técnica de coletas de informações, esse campo visa à interpretação das emoções e dos sentimentos humanos para elucidar sentidos e significados do objetivo em questão. Assim, podemos afirmar que o estudo da cultura do movimento consiste em um diálogo entre o biológico e o cultural, entre o **por que fazer** e o **como fazer**, como ressaltamos anteriormente. Portanto, é compreendendo esses elementos como objeto de investigação que se pretende demarcar o campo de estudo das ciências do movimento humano.

A cultura constituída sobre o corpo pode apresentar diversas intencionalidades, necessidades e sentidos para o praticante, promovendo a identificação de diferentes problemas de pesquisa e objetos de estudo. Atualmente, a corrida tem se tornado cada vez mais popular. É muito comum, por exemplo, ver pessoas correndo no final da tarde. Mas por que essas pessoas fazem isso? Parece insano que, em um dia de verão, a uma temperatura de 35 °C, as pessoas estejam correndo pelas ruas. O que as leva a isso?

Esse questionamento pode ter inúmeras respostas. Porém, do ponto de vista do praticante, existe uma intencionalidade em realizar tal atividade, que pode ser gosto pessoal, emagrecimento, *performance* ou recuperação de um dia estressante. Tais sentidos propiciam a necessidade de o praticante repetir a atividade no dia seguinte. Perceba que essa simples atividade, própria do ser humano, pode revelar diferentes problemas de pesquisa: Por que as pessoas correm? Quais são os benefícios da corrida? Qual é a relação da corrida com a qualidade de vida? O excesso de corrida pode levar ao desenvolvimento da síndrome de burnout? Por que as pessoas frequentam grupos de corrida? Como os grupos de corrida são orientados? Com essas questões, estamos propondo a definição do movimento humano e da prática pedagógica como objeto de estudo. Com base nisso, diferentes problemas poderão ser analisados em seus aspectos biológicos e culturais.

Vejamos, a seguir, um exemplo que pode ajudar a esclarecer qual é o objeto de pesquisa das ciências do movimento humano.

Preste atenção!

Betti (2001) apresenta um amplo campo de conhecimento de parcela da cultura, que é a motricidade humana (jogo, esporte, ginástica). No entanto, o autor também cita as palavras *material* e *simbólico*, sugerindo que nem tudo que está relacionado à motricidade é concreto. Como exemplo, podemos citar a cesta de basquete: É um conceito concreto? É palpável?

A resposta para esses questionamentos é "não", visto que *cesta* (do inglês *basket*) é a representação simbólica do cesto de pêssegos utilizado quando o esporte foi inventado em 1891 (*basketball*, em tradução literal, é "bola ao cesto"). No decorrer da história, de acordo com a distância ou circunstância do jogo, foi possível estabelecer diferentes valores de pontuação quando a bola entrava na cesta.

Nesse breve exemplo, destacam-se duas abordagens teóricas distintas: a histórica e a linguística. Por um lado, existe uma referência à história do basquete, que resgata a criação e o desenvolvimento dessa modalidade esportiva. Por outro lado, a interpretação da simbologia presente no termo *cesta* exigiu conhecimentos semióticos. Perceba que, no plano científico, que envolve as teorias e os instrumentos de pesquisa, não estão sendo pressupostas a história do esporte (ciência do movimento) ou a semiótica do basquete (ciência do esporte); a proposta é apresentar a semiótica e a história **aplicadas ao movimento**.

Para analisar os elementos culturais do movimento, é preciso escolher e investigar determinado objeto de estudo, como o **rendimento nos esportes**. O rendimento implica entender o esporte como modalidade competitiva, cujo objetivo, do ponto de vista do praticante, é a vitória e a conquista de recompensas externas (fama, patrocínio, divulgação etc.). Para possibilitar que se atinjam melhores resultados, muitas pesquisas são realizadas com os atletas, os quais envolvem, por exemplo, o controle das emoções e a medição do nível de estresse antes ou após o evento esportivo – aspectos que exigem o uso de instrumentos da psicologia aplicados ao esporte. Além da parte psicológica, há a parte do movimento propriamente dito, que deve ser trabalhado até que o atleta atinja a perfeição (rendimento máximo). Para isso, são necessários estudos nas áreas de biomecânica e fisiologia, assim como a exploração de métodos de treinamento aplicados ao esporte.

Mas essas práticas também podem ser realizadas com outras finalidades: como forma de melhorar a saúde, de diversão (praticar informalmente algum esporte), de entretenimento (assistir a um jogo) e de aprendizado (aulas). Observe que, em cada uma dessas situações, a finalidade é diferente e apresenta vários sentidos para o praticante, sendo que o pesquisador pode escolher uma abordagem mais **funcional do movimento** (ciências naturais) ou mais **relacional** (ciências humanas).

Nesse sentido, as ciências do movimento humano constituem um campo de conhecimento científico que exige a complexa abordagem de outras ciências aplicada à cultura corporal de movimento.

⦙⦙⦙ Síntese

Neste capítulo, apresentamos um levantamento sobre a abrangência da área de educação física e seu contexto de produção científica. Para isso, abordamos o conceito de *ciência* e as principais ciências que estão vinculadas à área, a fim de esclarecer suas diferentes matrizes epistemológicas.

Inicialmente, explicamos, de forma breve, o conceito de *senso comum* e sua diferença em relação ao conhecimento científico. Em seguida, mostramos que a ciência é um conhecimento racional, construído com base em teorias e métodos sistemáticos e coerentes.

Na sequência, exploramos melhor os campos das ciências biológicas e humanas e apresentamos as ciências da saúde, em que se aplica o conhecimento de outras ciências na intervenção profissional e nas pesquisas relacionadas à vida, à saúde e à doença. Por fim, tratamos das ciências do movimento humano, que constituem um campo de conhecimento que tem como objeto de estudo as áreas de intervenção profissional que lidam com o movimento humano.

ⅢIndicações culturais

Para saber mais a respeito dos temas que abordamos neste capítulo, consulte os materiais indicados a seguir.

Artigo

Nessa obra, Betti revisa autores brasileiros que tratam das matrizes epistemológicas da educação física, utilizando para a sua análise temas da filosofia da ciência. O autor apresenta que a educação física não é uma disciplina científica, mas uma área de conhecimento e intervenção pedagógica que expressa projetos social e historicamente condicionados, que possibilitam a construção dos objetos de pesquisa científica.

BETTI, M. Educação física como prática científica e prática pedagógica: reflexões à luz da filosofia da ciência. **Revista Brasileira de Educação Física e Esporte**, São Paulo, v. 19, n. 3, p. 183-197, jul./set. 2005. Disponível em: <https://www.researchgate.net/publication/280922577_Educacao_fisica_como_pratica_cientifica_e_pratica_pedagogica_Reflexoes_a_luz_da_filosofia_da_ciencia>. Acesso em: 20 out. 2017.

Livros

Chaui trata nessa obra de temas importantes da reflexão filosófica, sempre tendo como referência grandes pensadores. No capítulo 1 da sétima unidade, a autora discute a atitude científica e o senso comum; no capítulo 2, ela apresenta a história e a classificação da ciência.

CHAUI, M. **Convite à filosofia**. São Paulo: Ática, 1998. (Unidade 7, Capítulos 1 e 2, p. 247-262)

Esse dicionário se propõe a introduzir, de forma crítica, temáticas incorporadas à área a partir da década de 1980. Para tanto, foram utilizadas na sua produção obras e conceitos desenvolvidos por um rico grupo de colaboradores designados como responsáveis pelos verbetes. Assim, como o próprio nome diz, trata-se de um dicionário crítico com verbetes utilizados nas produções acadêmicas nas últimas décadas, principalmente àquelas vinculadas às ciências humanas.

GONZÁLEZ, F. J.; FENSTERSEIFER, P. F. (Org.). **Dicionário crítico de educação física**. Ijuí: Ed. da Unijuí, 2005.

■ Atividades de autoavaliação

1. Leia as afirmações a seguir sobre senso comum e ciência.

    I. Senso comum é o conhecimento de domínio popular transmitido socialmente de uma geração a outra que...

    II. Ciência é o conhecimento racional construído com base em teorias e métodos sistemáticos e coerentes, cujo intuito é verificar a verdade sobre a natureza, a vida humana e a sociedade. Assim, a ciência...

    Agora, considere como é possível complementar a afirmação I ou II:

    III. ...utiliza métodos próprios para aferição, controle e produção do conhecimento humano.

    IV. ...exprime uma forma simplista de compreensão da realidade, frequentemente direcionada por costumes e tradições em que os conhecimentos não são gerados por método científico ou filosófico.

    a) O item I está correto e o item III o complementa.
    b) O item II está correto e o item III o complementa.
    c) O item II está correto e o item IV o complementa.
    d) Os itens I e II podem ser complementados pelo item IV.
    e) Os itens III e IV não complementam adequadamente os itens I e II.

2. O que diferencia o senso comum da atitude científica?
    a) Tanto o senso comum quanto a atitude científica são acríticos.
    b) O que diferencia o senso comum da atitude científica é o rigor empregado no primeiro.
    c) Antes de se crer em fatos, hipóteses e acontecimentos, a atitude científica implica a análise de situações-problema como possíveis hipóteses a serem testadas.
    d) Antes de se crer em fatos, hipóteses e acontecimentos, as crenças referentes ao senso comum são tratadas como hipóteses e aceitas depois de serem testadas.
    e) Os conhecimentos gerados pelo senso comum e pela atitude científica necessitam do crivo dos pesquisadores para serem comprovados.

3. São características do método das ciências naturais:
    a) a fenomenologia, o conhecimento laboratorial, as leis e a reflexão.
    b) a causa e o efeito, a regularidade do fenômeno, o conhecimento laboratorial e as leis.
    c) a análise de conteúdo, a regularidade do fenômeno, a reflexão, a causa e o efeito.
    d) a experimentação, as leis gerais, a causa e o efeito e a regularidade do fenômeno.
    e) a experimentação, as leis gerais, a fenomenologia e a reflexão.

4. Assinale a alternativa **incorreta**:
    a) Biologia, cinesiologia, fisiologia e suas derivações integram o campo de pesquisa das ciências naturais.
    b) Antropologia, história e psicologia integram o campo de pesquisa das ciências humanas.

c) Medicina, nutrição e educação física são áreas do conhecimento que integram o campo de pesquisa das ciências da saúde.

d) As ciências do movimento humano são um campo do conhecimento que tem como objeto de estudo os problemas inerentes ao movimento humano.

e) Cinesiologia, fisiologia e suas derivações integram o campo de pesquisa das ciências da saúde.

5. São correntes de pensamento que constituem as ciências humanas:

   a) fenomenologia, estruturalismo e marxismo.
   b) dogmatismo, estruturalismo e marxismo.
   c) marxismo, fenomenologia e ruralismo.
   d) dogmatismo, pragmatismo e ruralismo.
   e) fenomenologia, estruturalismo e naturalismo.

Atividades de aprendizagem

Questões para reflexão

1. Discorra sobre as principais diferenças que você observou entre conhecimento científico e senso comum.

2. Vimos que o rigor científico em uma pesquisa com instrumentos das ciências naturais pressupõe amplo controle das variáveis. Levando isso em consideração, reflita: Existe variável que não possa ser controlada? Por quê?

Atividade aplicada: prática

Entreviste um professor universitário sobre o tipo de pesquisa que ele desenvolve (caso o acesso ao professor seja difícil, faça o contato por *e-mail*). As questões apresentadas na sequência poderão ajudá-lo nessa entrevista.

Lembre-se de apresentar-se ao professor antes de iniciar a entrevista e peça gentilmente a colaboração dele. Caso a resposta seja afirmativa, inicie a entrevista ou encaminhe a ele o formulário com as questões.

1. Qual é sua formação (graduação e pós-graduação)?
2. Qual é sua área de pesquisa?
3. Qual é sua linha de pesquisa?
4. Quais instrumentos de pesquisa você mais utiliza para coleta de informações?
5. Você está desenvolvendo alguma pesquisa atualmente? Qual é o tema?
6. Como você a desenvolve?

Ao término da entrevista, retorne ao texto deste capítulo e faça associações entre os conteúdos abordados e as informações fornecidas pelo entrevistado, ou seja, relacione o conteúdo aprendido à prática realizada.

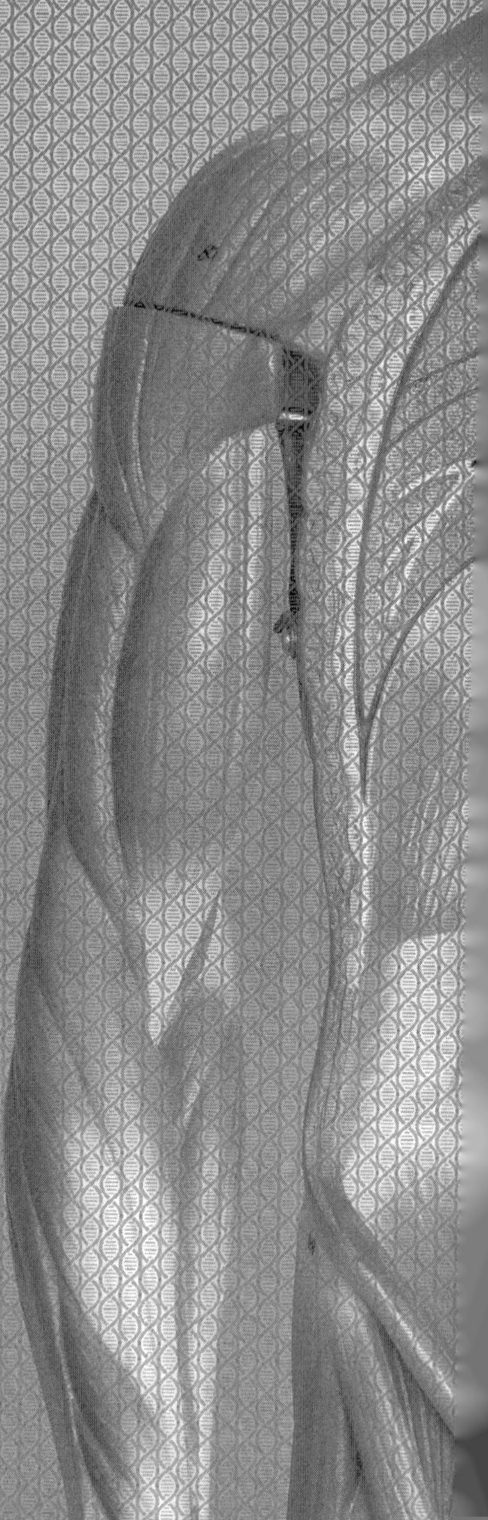

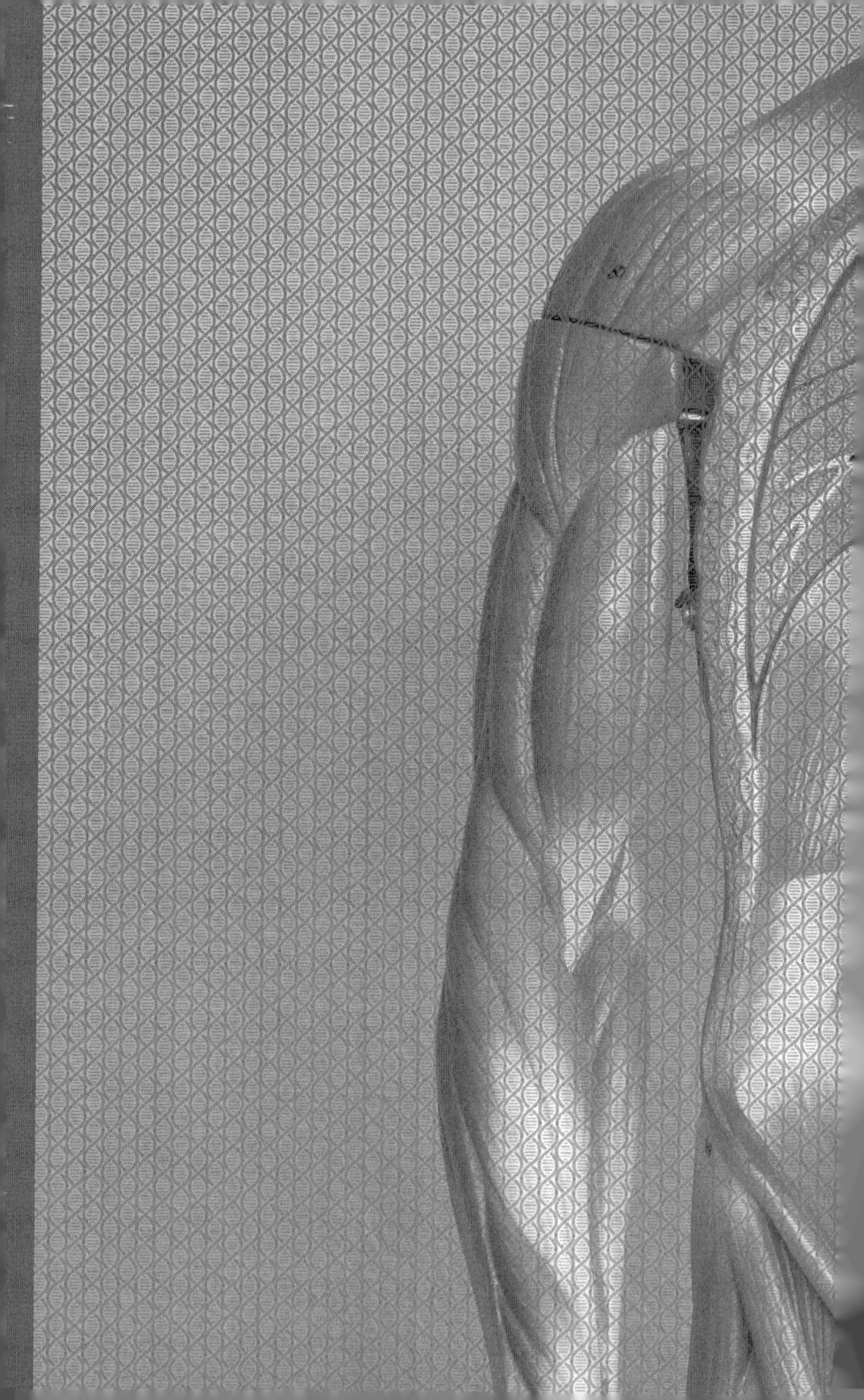

Capítulo 3

Saber científico em educação física

É comum que, quando se fala em *educação física*, venham a mente ideias relativas ao movimento corporal. Embora esse pensamento ainda seja bastante marcante, nas últimas três décadas, pelo menos, o vínculo entre movimento e cultura tem se tornado cada vez mais consistente no âmbito acadêmico-profissional. Essa nova perspectiva não pressupõe mais o movimento pelo movimento (o fazer descontextualizado), e sim ressalta a valorização do corpo, da atividade física, da saúde e da qualidade de vida associada à inserção e à integração crítica do sujeito na cultura do movimento. Para isso, são avaliadas suas próprias experiências com o jogo, o esporte, as ginásticas, as danças/atividades rítmicas e as lutas/artes marciais e seu conhecimento sobre o corpo.

Assim, talvez seja mais coerente afirmar que a educação física está passando por um momento de transição, redescoberta e ressignificação de sua base epistemológica. Essa nova fase tem propiciado novas interpretações e sentidos para o *se movimentar* – termo utilizado por Kunz (1994) para designar a forma própria como cada um compreende o "próprio-movimento" –, bem como diversas produções a seu respeito, construídas com base em diferentes matrizes teóricas. Por isso, neste capítulo, analisaremos a influência das diferentes matrizes teóricas na educação física.

3.1 Antropologia e sociologia

Embora a antropologia só tenha sido designada como ciência durante o Iluminismo (século XVIII), os estudos das sociedades humanas remontam à Antiguidade Clássica. A antropologia tem como objeto de estudo o homem em seu sentido mais amplo. Inicialmente, essa área tinha como objetivo diferenciar o ser humano da natureza, bem como justificar as diferentes "espécies" humanas em função do desenvolvimento das sociedades organizadas – tarefa quase impensável para a época, que compreendia a natureza humana apenas com base no corpo biológico. No século XX, as chamadas *pesquisas de campo*, ou seja, as pesquisas que possibilitam o contato real e imediato (*in loco*) com o campo estudado, também denominadas de *estudos etnográficos* ou *etnografia*, propiciaram ao pesquisador uma longa convivência com os agrupamentos pesquisados.

Considerada uma ciência da humanidade, a antropologia apresenta amplo campo de investigação, que abrange as questões espacial (geográfica), biológica, temporal (histórica), social e cultural.

A antropologia não se preocupa em propor explicações e leis gerais, embora procure descrever em detalhes as sociedades organizadas, os seres humanos que as compõem e os significados expressos nas relações culturais que estes estabelecem. Para o saber antropológico, o conceito de *cultura* abarca diversas dimensões – como a psicológica, a histórica, a sociológica e a biológica –, as quais abrangem o homem e os conhecimentos que produz.

Já a sociologia busca interpretar e compreender o comportamento humano no meio social, os processos e as relações de interdependência entre os indivíduos de uma mesma sociedade, ou seja, é uma ciência que se propõe a interpretar as formas humanas de interação nas diferentes sociedades e culturas, objetivando compreender a realidade social destas.

> *Sociologia [...] é o estudo da vida social humana, dos grupos e das sociedades [...] seu objeto de estudo é nosso próprio comportamento como seres sociais. A abrangência do estudo sociológico é extremamente vasta, incluindo desde a análise de encontros ocasionais entre indivíduos na rua até a investigação de processos sociais globais. [...] A sociologia mostra a necessidade de assumir uma visão mais ampla sobre por que somos como somos e por que agimos como agimos. Ela nos ensina que aquilo que encaramos como natural, inevitável, bom ou verdadeiro, pode não ser bem assim e que os 'dados' de nossa vida são fortemente influenciados por forças históricas e sociais. Entender os modos sutis, porém complexos e profundos, pelos quais nossas vidas individuais refletem os contextos de nossa experiência social é fundamental para a abordagem sociológica.*
> (Giddens, 2005, p. 24)

Essa área se preocupa em captar os fatos que se repetem nas relações sociais para abstrair possíveis **generalizações teóricas**. Para isso, a sociologia examina os eventos de determinada sociedade, a fim de explicar o significado e a importância social de um fenômeno específico.

No Quadro 3.1, apresentamos dois exemplos que demonstram a diferença entre fato generalizável e fato isolado.

Quadro 3.1 Fatos generalizáveis e fatos isolados

Fatos generalizáveis	Fatos isolados
<ul><li>Grandes eventos esportivos e interesses mercadológicos.</li><li>Greves e instrumentos de reivindicação social.</li></ul>	<ul><li>O movimento Diretas Já (1988) e a construção da sociedade democrática no Brasil.</li><li>Fim do militarismo e retomada da liberdade de expressão.</li></ul>

Observe que, no Quadro 3.1, quando nos referimos a fatos generalizáveis, utilizamos o esporte e a greve como exemplos, pois, em toda sociedade em que o esporte e o trabalho estão organizados, ambos estão submetidos ao capital e às leis que os regulam. Quando se trata de esporte de rendimento ou de megaeventos esportivos, como no caso das Olimpíadas do Rio de Janeiro, em 2016, há interesse em relacionar produtos à marca Olimpíada? Por que isso acontece?

Como você deve ter deduzido, há um interesse puramente mercadológico. O evento foi transmitido para todo o mundo e milhões de pessoas puderam ter contato com as marcas que foram objeto de campanhas publicitárias durante a Rio 2016, como no caso das roupas e dos equipamentos utilizados pelos atletas. Além das questões mercadológicas, o evento precisou de contratos de transmissão, gerou empregos pela necessidade de atendimento ao público e aos atletas etc. Todos esses fatores podem ser considerados fatos generalizáveis, uma vez que **são observáveis em diferentes fenômenos**. Por exemplo, pode haver publicidade, contratos de transmissão e geração de empregos em um megaevento musical ou em uma premiação do cinema.

Por outro lado, o fato isolado apresenta grande importância e significado para a sociedade e para o entendimento do momento vivido pelo país. Perceba que o movimento Diretas Já, por exemplo, foi fundamental para a construção da sociedade democrática vigente no Brasil. Nesse caso, a preocupação do sociólogo está em interpretar e compreender o significado e a importância social desse movimento ocorrido na década de 1980.

Para chegar à compreensão dos fatos (isolados ou generalizáveis), da mesma forma que a antropologia, a sociologia recorre a diferentes correntes de pensamento. No Quadro 3.2, apresentamos as três principais correntes de estudo da sociologia.

Quadro 3.2 Principais correntes de estudo da sociologia

Fundamentação	Criador	Matriz teórico-metodológica
Fundamentação analítica	Auguste Comte	Positivista-funcionalista
Sociologia compreensiva	Max Weber	Hermenêutica-compreensiva
Explicação sociológica	Karl Marx	Sociológica-dialética

Com base nessas correntes de pensamento, a sociologia busca interpretar e compreender os aspectos da vida social, desde o funcionamento de estruturas macrossociológicas até o comportamento dos indivíduos em um nível microssociológico. Utilizando o esporte como exemplo, podemos identificar, na estrutura macrossociológica, as diversas modalidades que o compõem e as mudanças nas regras e na forma de organização pelas quais estes passaram até chegarem à sua configuração atual; já na estrutura microssociológica, podemos destacar o comportamento dos indivíduos nas equipes esportivas ou ainda de outros indivíduos que utilizam o esporte com finalidades diversas.

3.1.1 Antropologia, sociologia e educação física

Com relação à educação física no Brasil, podemos afirmar que os estudos da sociologia e da antropologia ainda são recentes. Foi somente a partir da década de 1950 que as ciências humanas passaram a ser incorporadas aos estudos da área.

A partir da década de 1980, houve a ampliação dos estudos que contestavam a hegemonia da explicação biológica no estudo das expressões corporais humanas. Foi nesse período que se fortaleceu a concepção de que o corpo, além de biológico, é também um **corpo cultural**.

As pesquisas etnográficas passaram a ser utilizadas no campo da educação física, o que ampliou a compreensão das possíveis finalidades da área, bem como de seu campo de estudo. Diante disso, o movimento humano passou a não ser mais visto apenas como mera reprodução mecânica de técnicas: ele começou a ser estudado como fenômeno cultural, o que deu origem a termos como *cultura corporal*, *cultura de movimento* e *cultura corporal de movimento*.

As abordagens antropológica e sociológica permitem outros olhares sobre o fenômeno esportivo, como os que ressaltam a influência da cultura local no desenvolvimento esportivo, a influência da mídia no esporte, o processo de profissionalização esportiva, os interesses e motivos na adesão ao esporte, o motivo de alguns países apresentarem melhor desempenho em determinada categoria esportiva e os sentidos e significados que diferentes grupos dão ao esporte.

Isso também se aplica a outros elementos da cultura, como a dança, em que é possível investigar, por exemplo, os sentidos e significados produzidos tanto no espectador quanto no bailarino.

No campo esportivo, é possível examinar os significados do jogo para o jogador; as características e classificações para os jogos; os sentidos expressos nas diferentes modalidades da ginástica; a influência da cultura local nas práticas de ginástica e nos padrões corporais etc.

Todas essas temáticas são exemplos de como essas ciências têm contribuído para a análise, a interpretação e a compreensão dos elementos culturais do movimento e de sua relação com as sociedades organizadas.

Indicações culturais

Artigos

Para ampliar seus conhecimentos a respeito da antropologia e da sociologia em suas relações com a educação física, sugerimos a leitura dos textos a seguir.

BETTI, M. Corpo, cultura, mídias e educação física: novas relações no mundo contemporâneo. **Lecturas, Educación Física y Deportes**, Buenos Aires, ano 10, n. 79, p. 1-9, dic. 2004. Disponível em: <http://www.efdeportes.com/efd79/corpo.htm>. Acesso em: 20 out. 2017.

BETTI, M. Educação física como prática científica e prática pedagógica: reflexões à luz da filosofia da ciência. **Revista Brasileira de Educação Física e Esporte**, São Paulo, v. 19, n. 3, p. 183-197, jul./set. 2005. Disponível em: <https://www.researchgate.net/publication/280922577_Educacao_fisica_como_pratica_cientifica_e_pratica_pedagogica_Reflexoes_a_luz_da_filosofia_da_ciencia>. Acesso em: 20 out. 2017.

BETTI, M. Educação física e sociologia: novas e velhas questões no contexto brasileiro. In: CARVALHO, Y. M.; RUBIO, K. (Org.). **Educação física e ciências humanas**. São Paulo: Hucitec, 2001. p. 155-169.

BETTI, M. Esporte, televisão e espetáculo: o caso da TV a cabo. **Conexões: Educação, Esporte e Saúde**, Campinas, v. 1, n. 3, p. 74-91, 1999. Disponível em: <https://www.researchgate.net/publication/3033
66083_Esporte_televisao_e_espetaculo_o_caso_da_TV_a_cabo>. Acesso em: 20 out. 2017.

BETTI, M. O papel da sociologia do esporte na retomada da educação física. **Revista Brasileira de Educação Física e Esporte**, São Paulo, v. 20, p. 191-193, set. 2006. Disponível em: <http://citrus.uspnet.usp.br/eef/uploads/arquivo/54_Anais_p191.pdf>. Acesso em: 25 jul. 2017.

Livro

A obra *A janela de vidro* apresenta uma interpretação a respeito do discurso televisivo sobre o esporte. Nela, o autor descreve as consequências da TV (chamada na obra de *janela de vidro*) na prática de atividades físicas e esportivas, no consumo de produtos e na educação. Com base em cem horas de programação televisiva, o autor analisa, à luz da hermenêutica de Paul Ricouer, temas como espetacularização do esporte, falação esportiva, televisão e educação e teorias do esporte.

BETTI, M. **A janela de vidro**: esporte, televisão e educação física. Campinas: Papirus, 1998.

3.2 Psicologia

Em primeiro lugar, é importante compreender que, enquanto a sociologia tem suas bases teóricas e métodos voltados para o estudo dos fenômenos sociais, a psicologia estuda as funções mentais, o comportamento e as relações do indivíduo na sua singularidade e no interior de grupos, seja por meio da identificação de leis e princípios universais, seja pelo estudo de casos individuais. Nessa comparação entre a sociologia e a psicologia, pois, importa destacar o fato de que os estudos na psicologia não abordam o comportamento de um grupo social, mas do sujeito, do indivíduo. Mesmo quando se estudam grupos, a singularidade e o comportamento do indivíduo permanecem como referência.

O comportamento diz respeito à maneira de agir de determinado sujeito e à sua adaptação ao meio (familiar, escolar, religioso etc.). O comportamento não pode ser compreendido sem que se compreendam antes os processos mentais do indivíduo, ou seja, **como sua mente funciona**. Em função disso, a psicologia analisa o comportamento humano explorando conceitos como personalidade, pensamento e emoção.

No Quadro 3.3, listamos as correntes de estudo da psicologia que foram fundamentais para o reconhecimento da psicologia como ciência.

Quadro 3.3 Correntes que fundamentaram a psicologia como campo científico

Matriz teórico-metodológica	Objeto de estudo	Criador
Estruturalismo	Estrutura consciente da mente e do comportamento (em especial, as sensações).	Wilhelm Maximilian Wundt
Funcionalismo	Função dos processos mentais conscientes (interação com o meio ambiente).	William James
Gestalt ou psicologia da forma	Processos de percepção: os fenômenos psíquicos só podem ser compreendidos se forem vistos como um todo, e não fragmentados em elementos perceptíveis.	Max Wertheimer, Kurt Koffka e Wolfgang Köhler

Muito embora essas correntes de pensamento tenham sido importantes para a psicologia e o entendimento da mente humana, a psicologia moderna apresenta diferentes perspectivas, como a psicologia médica (perspectiva biológica), a teoria psicanalítica (perspectiva psicodinâmica), a psicologia analítica (perspectiva analítica), o behaviorismo (perspectiva comportamentalista), a psicologia humanista (perspectiva humanista) e a psicologia cognitiva (perspectiva cognitiva). Embora todas essas vertentes estudem a mente humana, mais especificamente o comportamento humano, cada uma utiliza seus próprios instrumentos e métodos de análise para interpretação ou intervenção.

Com relação à educação física, os conhecimentos da psicologia têm sido fundamentais para o desenvolvimento de pesquisas, em especial para compreender diferentes etapas da vida humana, como a de aprendizagem e de crescimento/desenvolvimento – o controle motor e seus desdobramentos; as características marcantes das fases do desenvolvimento humano; as teorias e características dos processos de aprendizagem; o comportamento social; a formação da identidade; a relação pedagógica na escola; os tipos de liderança e estados de humor etc. Tais conhecimentos são de igual importância quando se trata da relação pedagógica na intervenção profissional.

Ainda que alguns conceitos da psicologia sejam aplicados à educação física, não é possível identificar uma psicologia específica da área. Isso ocorre porque não há estudos, teorias ou instrumentos específicos para testar ou analisar os fenômenos em questão. Por exemplo, a perspectiva cognitiva da psicologia auxilia na compreensão do processo de aprendizagem, ajudando o profissional a intervir no estudo dos elementos culturais do movimento, seja na escola, seja fora dela. Contudo, não é somente essa perspectiva da psicologia que pode ser aplicada ao campo de intervenção da educação física. Um mesmo comportamento pode ser investigado com base em diferentes abordagens e perspectivas da psicologia.

Em síntese, quando se trata da prática pedagógica de educação física, é possível aplicar as teorias da psicologia a um vasto campo de pesquisa, que engloba os fenômenos psicológicos presentes nos atletas, praticantes de exercício físico e alunos.

Indicações culturais

Artigos

Para você se familiarizar com algumas teorias da psicologia aplicadas à educação física, principalmente no que diz respeito à compreensão dos elementos culturais do movimento, sugerimos a leitura dos artigos a seguir:

PIRES, A. et al. Validação preliminar de um questionário para avaliar as necessidades psicológicas básicas em educação física. **Motricidade**, Vila Real, v. 6, n. 1, p. 33-51, 2010. Disponível em: <http://www.scielo.mec.pt/scielo.php?script=sci_arttext&pid=S1646-107X2010000100004>. Acesso em: 20 out. 2017.

TRESCA, R. P.; DE ROSE JR., D. Estudo comparativo da motivação intrínseca em escolares praticantes e não praticantes de dança. **Revista Brasileira de Ciência e Movimento**, Brasília, v. 8, n. 1, p. 9-13, jan. 2000. Disponível em: <http://www.ceap.br/material/MAT12042009223011.pdf>. Acesso em: 20 out. 2017.

3.3 Filosofia

Em nosso cotidiano, costumamos fazer perguntas, afirmações, avaliações, comparações e generalizações sem, muitas vezes, refletirmos sobre elas. Por exemplo, quando perguntamos "Que dia é hoje?", temos a expectativa de receber uma resposta relacionada a um valor numérico ou ao nome do dia da semana. Isso atende à necessidade imediata do questionamento feito. Porém, como sabemos se o dia informado é aquele mesmo? Por que acreditamos que existem os dias da semana, os meses e os anos? Note como a resposta a uma simples pergunta é portadora de várias crenças.

Estamos habituados, em nosso dia a dia, a conviver com crenças e ideias inquestionáveis – ou melhor, não questionadas –, pois estas nos parecem normais e naturais. Por outro lado, não causaria certa estranheza se, em vez de perguntarmos "Que dia é hoje?", perguntássemos "O que é dia?", "O que é mês?", "O que é ano?", "O que é tempo?", "Como o tempo passa?" e "O que é alegria?", por exemplo? Essa atitude, que pode ser compreendida como uma atitude filosófica, pressupõe o afastamento da vida habitual, a reflexão e o questionamento.

Foi partindo dessa atitude questionadora que Marilena Chaui (1998, p. 12) apresentou sua definição de *filosofia*: "A decisão de não aceitar como óbvias e evidentes as coisas, as ideias, os fatos, as situações, os valores, os comportamentos de nossa existência cotidiana; jamais aceitá-los sem antes havê-los investigado e compreendido".

A palavra *filosofia* se originou da junção de duas palavras gregas: *philo* (amor, respeito) e *sophia* (sabedoria). Assim, de maneira geral, a filosofia designa o interesse pelo conhecimento e pela reflexão, podendo ser definida como a análise racional do significado da existência humana.

O que diferencia a filosofia da ciência é a impossibilidade de muitos de seus questionamentos serem verificados pelos métodos experimentais da ciência, como no caso de "Como chegar ao estado de felicidade?".

Ao longo dos seus 26 séculos de existência, a reflexão filosófica se desenvolveu em diversos campos: epistemologia, ética, filosofia da arte/estética, filosofia da história, filosofia da linguagem, filosofia política, história da filosofia, lógica, ontologia/metafísica e teoria do conhecimento. Atualmente, a palavra *filosofia* tem sido associada a um conjunto de ideias ou atitudes, como em *filosofia de vida* e *filosofia da educação*.

Assim como nos casos da antropologia, da sociologia e da psicologia, não há uma filosofia específica para a área de educação física. Por exemplo, a epistemologia da educação física se refere a um campo da filosofia que estuda a natureza e a origem dos conhecimentos tratados pela área, bem como seus limites, podendo se referir aos aspectos éticos da relação professor/aluno ou profissional/cliente; aos aspectos políticos que permeiam a profissão; à educação física escolar (filosofia política); ou à estética dos movimentos das diversas modalidades esportivas.

O mesmo ocorre com a filosofia da educação, uma vez que diversas análises podem ser feitas no campo educacional. Tais reflexões podem ser utilizadas como forma de compreensão dos significados da natureza das relações humanas em interação social e que condicionam as concepções da educação física ou da escola/educação. Por outro lado, as reflexões filosóficas contribuem também para a construção e a caracterização da identidade da disciplina e para a compreensão teórica/prática do educador/profissional de educação física.

A filosofia abre possibilidades para um vasto campo de investigação, constituído com base na atitude interessada e de estranhamento do pesquisador que encontra, nos diferentes campos da filosofia, os instrumentos para a compreensão das coisas. Assim, acreditamos que a atitude filosófica pode ser assumida pelo esforço do indivíduo em refletir, orientado pelos instrumentos dos campos da filosofia.

▌▌▌ *Indicações culturais*

Artigo

Sobre a aplicação da filosofia como forma de refletir acerca da intervenção em educação física na escola, sugerimos a leitura do artigo a seguir:

MORSCHBACHER, M. et al. Para que filosofia da educação física escolar? Para além de uma paráfrase das teses de Hans-Georg Flickinger. **Motrivivência**, v. 20, n. 31, p. 293-300, dez. 2008. Disponível em: <https://periodicos.ufsc.br/index.php/motrivivencia/article/viewArticle/14114>. Acesso em: 20 out. 2017.

3.4 Biologia

Caminhar emagrece? O que são calorias? Quantas calorias são gastas quando alguém corre 30 minutos? Quais exercícios são ideais para perder peso? Quais músculos são trabalhados quando se faz supino? Como saber a composição corporal?

Você já fez alguma dessas perguntas ou já escutou alguém fazendo comentários a respeito de alguma delas? Provavelmente sim. Afinal, ao longo de nossa vida, costumamos nos questionar sobre nosso corpo e, muitas vezes, buscamos auxílio em leituras ou exemplos de colegas para esclarecermos nossas dúvidas. A área de estudo que se preocupa com a vida e que oferece conhecimentos científicos sobre o movimento humano é a biologia.

De todas as áreas que abordamos neste capítulo, talvez a biologia seja aquela com que você mais teve contato, principalmente por ser uma disciplina pertencente à matriz curricular da educação básica. As ciências biológicas, ou ciências da vida, integram as ciências da natureza, também conhecidas como *ciências experimentais*.

Em nosso dia a dia, os conhecimentos da biologia também estão bastante presentes nos processos de enfermidades ou quando procuramos um médico para exames de rotina. Nesses casos, os conhecimentos são utilizados para detectar problemas de saúde, como o mau funcionamento de algum órgão do corpo. Essa relação do médico com a biologia é bastante antiga, visto que os primeiros biólogos tinham certa relação com a medicina, como o pré-socrático Empédocles (495 a.C.-430 a.C.), que era médico, e o pós-socrático Aristóteles (384 a.C.-322 a.C.), que era filho de um médico e desenvolveu grande interesse pelas ciências da natureza, mais especificamente pelo estudo da biologia. Atualmente, a biologia se desenvolve com base em dois campos de investigação: o da genética e da fisiologia; e o da investigação das formas, da estrutura e dos processos visíveis dos organismos.

3.4.1 Investigação genética e fisiológica

A investigação genética e fisiológica diz respeito ao estudo dos fenômenos microscópicos que ocorrem no interior das células em diferentes estados – em repouso, durante ou após um estímulo, nas enfermidades, após a ingestão ou inalação de substâncias químicas, sob a ação de eventos físicos etc. – e também apresenta objetivos variados, como o estudo dos efeitos, o funcionamento dos órgãos, as modificações na composição celular e os mecanismos de defesa do organismo.

A investigação genética se aplica, mais especificamente, aos estudos genéticos relativos ao desenvolvimento e ao funcionamento dos seres vivos (DNA). Atualmente, a maior parte das investigações sobre a genética está direcionada à explicação do efeito dos genes sobre as características observáveis dos seres vivos e à influência das características genéticas nas populações.

Todo organismo é formado por células, as quais são responsáveis por todas as reações que acontecem nele. Assim, podemos afirmar que a célula é a unidade fisiológica de todo ser vivo. As investigações fisiológicas tratam do estudo do funcionamento dos organismos, ou seja, consistem no estudo das múltiplas e microscópicas funções mecânicas, físicas e bioquímicas dos seres vivos, uma vez que estas acontecem no interior celular.

O estudo das funções mecânicas está relacionado ao funcionamento específico dos órgãos, dos tecidos e das células. Assim, o estudo das funções físicas e bioquímicas está relacionado a fatores como circulação sanguínea, digestão, respiração e locomoção, ou seja, a fenômenos físicos e químicos que ocorrem no interior das células quando nos movemos, respiramos e nos alimentamos.

3.4.2 Investigação das formas, da estrutura e dos processos visíveis dos organismos

O estudo da forma e da estrutura dos seres vivos é chamado de *anatomia*. Essa área da biologia estuda a estrutura, a aparência, a composição e a localização das partes dos seres vivos. Já com relação ao estudo da conservação e da reprodução das espécies, podemos citar, por exemplo, a nutrição e a ecologia.

A biologia é muito importante para a educação física, uma vez que o objeto de estudo desta engloba a ação pedagógica sobre o corpo humano, o que torna os conhecimentos sobre a composição corporal e os mecanismos de funcionamento do corpo essenciais.

Perguntas & respostas

1. Podemos dizer que existe uma fisiologia da educação física?
Não. No campo da educação física, os estudos da anatomia, da biomecânica, da bioquímica e da fisiologia são bastante utilizados,

mas não podemos dizer que exista uma fisiologia da educação física – apenas que esses conhecimentos podem ser aplicados às investigações sobre o corpo humano em sua atividade durante ou após o exercício.

3.4.3 Biologia e movimento

Quando nos exercitamos, acontece uma grande modificação no estado de repouso do organismo que exige a adaptação à nova situação. Assim, os conhecimentos advindos da **fisiologia** são utilizados para explicar as mudanças que ocorrem no organismo quando praticamos exercícios. Nesse sentido, existe uma ramificação da fisiologia denominada *fisiologia do exercício,* que se destina ao estudo desse campo de conhecimento.

A fisiologia do exercício examina os processos adaptativos que ocorrem no organismo durante a execução de tarefas motoras que demandam certo esforço e o funcionamento dos sistemas fisiológicos envolvidos no processo de estimulação e adaptação dos sistemas. O profissional de educação física pode utilizar meios de aplicação de conhecimentos fisiológicos para quantificar, analisar, interpretar e monitorar o rendimento relativo ao exercício físico.

Anteriormente, mencionamos que a anatomia se ocupa da análise da estrutura do movimento e do conhecimento a respeito da composição corporal. Para complementar essa perspectiva teórica, há as contribuições da **biomecânica**, que utiliza os métodos da mecânica para mensurar as forças físicas que agem sobre o corpo (biomecânica externa) e também o movimento relacionado às articulações, aos ossos e aos tecidos do corpo (biomecânica interna). Nesse sentido, a biomecânica aplicada a determinado exercício físico pode indicar os grupos musculares envolvidos no movimento, a força necessária para a sua execução e o posicionamento ideal do corpo para se conseguir melhor desempenho.

Enquanto a biomecânica se preocupa com os aspectos físicos do movimento, a **bioquímica** investiga as transformações químicas que ocorrem nas substâncias e moléculas provenientes dos processos metabólicos. Assim, os estudos da bioquímica aplicados à educação física possibilitam a verificação dos níveis de colesterol, glicemia, ureia e creatinina no sangue, tanto em estado de repouso quanto em movimento. Tais estudos possibilitam a indicação, por exemplo, do tipo de exercício físico adequado ao indivíduo para a redução das taxas de colesterol e açúcar no sangue, bem como das fontes de energia (glicose e lipídios) utilizadas durante a realização do movimento.

Como você pode perceber, a biologia não oferece conhecimentos somente sobre a composição do corpo (cabeça, tronco e membros), como muitos poderiam pensar. Ela possibilita a obtenção de esclarecimentos sobre todas as nossas ações e movimentos diários. Geralmente, na educação física, os estudos da biologia estão voltados ao conhecimento do corpo, à saúde e à qualidade de vida.

III *Indicações culturais*

Artigos

Para aprofundar seus conhecimentos sobre a aplicação dos conhecimentos biológicos na educação física, indicamos a seguir dois textos para leitura.

BATISTA, L. A. A biomecânica em educação física escolar. **Perspectivas em Educação Física Escolar,** Niterói, v. 2, n. 1, p. 36-49, 2001. Disponível em: <https://scholar.google.com.br/scholar?q=A+biomecnica+em+educacao+fisica+escolar&btnG=&hl=pt-BR&as_sdt=0%2C5>. Acesso em: 20 out. 2017.

LORENA, F. B.; FILGUEIRAS, I. P.; PECHLIYE, M. M. Relações entre biologia e educação física: olhar de especialistas sobre uma proposta de sequência didática. **Veras**, v. 3, n. 1, p. 103-118, 2013. Disponível em: <http://site.veracruz.edu.br/instituto/revistaveras/index.php/revistaveras/article/view/119>. Acesso em: 20 out. 2017.

3.5 Pedagogia

A palavra *pedagogia* deriva da junção de duas palavras gregas: *paidós*, que significa "criança", e *agogé*, que significa "condução". Assim, *pedagogia* significa "aquele que conduz a criança". Na Grécia Antiga, os *paidagogos* eram escravos incumbidos de levar as crianças ao *paedagogium*.

De acordo com Saviani (2005, p. 75, citado por Gagliotto, 2014, p. 75),

> *Pedagogia [...] significa literalmente a condução da criança, e a sua origem está no escravo que levava a criança até o local dos jogos ou o local onde ela recebia instrução do preceptor. Depois, esse escravo passou a ser o próprio educador. Os romanos, percebendo o nível de cultura dos escravos gregos, confiaram a eles a educação dos filhos. Essa é a etimologia da palavra. Do ponto de vista semântico, o sentido alterou-se. No entanto, a* paideia *entre os gregos não significava apenas infância,* paideia *significava a cultura, os ideais da cultura grega. Assim, a palavra* pedagogia, *partindo de sua própria etimologia, significa não apenas a condução, mas a introdução da criança na cultura.*

Entretanto, a institucionalização da pedagogia como ciência só ocorreu por volta do século XVI, quando foi iniciado um processo de reorganização da escola. Nesse cenário, houve a proposição da elaboração de métodos de ensino/educação e o termo *pedagogo* passou a se relacionar ao mestre que tem a responsabilidade de instruir e educar o sujeito. No século XVIII, considerado o século da pedagogia, houve o desenvolvimento da educação pública e o surgimento de grandes nomes da pedagogia clássica, como Jean-Jacques Rousseau e Johann Heinrich Pestalozzi. Atualmente, *pedagogia* designa "o campo do conhecimento que se ocupa do estudo sistemático da educação, isto é, do ato educativo, da prática educativa concreta que se realiza na sociedade como um dos ingredientes básicos da configuração da atividade humana" (Libâneo, 2007, p. 30).

Como ciência, a pedagogia tem como objeto de estudo o processo de ensino e aprendizagem. Mas o que é educar? Será que somente se educa na escola ou fora dela também? Educar é o processo de humanização pelo qual o indivíduo se torna mais apto a conhecer e intervir nas situações do cotidiano. Isso possibilita que ele se relacione com o mundo. Assim, o ato de educar não é exclusivo da escola, uma vez que a família, a igreja, os clubes de serviço, as associações etc. também contribuem para a **humanização**, entendida como um

> *processo que confirma no homem aqueles traços que reputamos essenciais como o exercício da reflexão, a aquisição do saber, a boa disposição para com o próximo, o afinamento das emoções, a capacidade de penetrar os problemas da vida, do senso da beleza, a percepção da complexidade do mundo dos seres, o cultivo do humor.* (Cândido, 2004, citado por Aranha, 1996, p. 125)

Se o objeto de estudo da pedagogia é a educação do ser humano e educar o ser humano pressupõe humanizá-lo, então a pedagogia tem como objetivo principal a melhoria do processo de aprendizagem dos indivíduos. Isso ocorre por meio do exercício da reflexão e da aquisição do saber, oriundos de medidas organizadas e projetos didáticos que conduzem os processos de reflexão e ação entre educadores e educandos. A aquisição do saber não diz respeito somente ao saber científico, mas também ao respeito ao próximo, à delicadeza das emoções, à capacidade de compreensão dos problemas da vida e à percepção da complexidade do mundo.

Assim, direciona-se o processo de aprendizagem a partir de seu objetivo. Isso pressupõe que não há neutralidade no processo educacional, visto que ele opera com base nas escolhas que determinado educador ou grupo de educadores fazem. Essas escolhas, em que se volta o olhar para a constituição do perfil do educando, são determinadas por uma linha pedagógica e pelos caminhos que se quer seguir, guiados por três princípios fundamentais: 1) a definição dos caminhos de acordo com o contexto (Para onde ir? O que fazer?); 2) a função das práticas (Por que fazer?); e 3) a racionalidade instrumental (forma de operacionalização). Embora os três princípios tenham sido apresentados de forma separada, eles fazem parte de um todo organizado, no qual os dois primeiros justificam as ações adotadas pela racionalidade prática.

No âmbito escolar, esses princípios estão representados pela compreensão que se forma acerca dos sentidos e significados presentes no plano didático-filosófico que orienta a ação dos educadores. Historicamente, o plano didático-filosófico encerra distintas concepções, práticas e valores sobre educação. Para você entender melhor esse conceito, apresentamos, no Quadro 3.4, três vertentes pedagógicas e as respectivas concepções de aluno, professor, escola e sociedade, bem como os valores que orientaram as práticas escolares.

Quadro 3.4 Principais concepções que influenciaram a pedagogia

	Pedagogia tradicional	Pedagogia nova	Pedagogia progressista
Concepção de aluno	Tem capacidade de assimilação semelhante ao adulto, porém menos desenvolvida. É um receptor passivo do conteúdo. A bagagem de conhecimento que o aluno traz não é valorizada, pois ele deve ser moldado pela experiência na escola.	É o sujeito e o centro da ação educativa. Sua individualidade e seus interesses são respeitados. O aprendizado se caracteriza pela descoberta (é incidental).	Sujeito da história, o aluno apresenta limites e possibilidades, podendo ser concreto, ativo e coparticipante. A disciplina e a autodisciplina são resultados do processo educativo.
Concepção de professor	É disciplinador, autoritário e transmissor do conhecimento. Ensina pela exposição verbal, por métodos coercitivos e pela demonstração. A aprendizagem é concebida como mecânica e, por isso, enfatiza a repetição e a memorização para disciplinar a mente e formar hábitos.	É mediador e orientador do processo educativo. Conduz indiretamente o aluno em função de seu ritmo e de suas próprias capacidades. Organiza o próprio material didático e aplica trabalho em grupo, pesquisas e jogos.	Mediador do processo educativo, nessa vertente o professor age de forma reflexiva e crítica. Ele trabalha a relação direta entre a experiência do aluno e seus desejos e os conteúdos contextuais e considerados fundamentais. Além disso, promove o conhecimento pelo processo de compreensão processado com base na reflexão sobre a ação, gerando uma nova ação (ação, reflexão, ação).

(continua)

(Quadro 3.4 – continuação)

	Pedagogia tradicional	**Pedagogia nova**	**Pedagogia progressista**
Papel da escola	É o local da apropriação do conhecimento e da preparação intelectual e cultural, que ocorrem por meio da transmissão do conteúdo da cultura geral. A escola, nessa vertente, prepara o aluno para a adaptação à sociedade com base em seu entendimento de "igualdade de oportunidades".	A escola é caracterizada como laboratório, não como auditório. Trata-se de uma escola democrática, ativa e aberta, cujos princípios básicos são a necessidade, a continuidade e o autodesenvolvimento do estudante.	É o espaço de apropriação, desapropriação e reapropriação do saber. Nessa vertente, a escola está a serviço dos interesses populares e centrada nestes, a fim de que haja a transformação da sociedade. É politizada e politizadora.
Sociedade	A realidade social é conhecida na educação recebida na escola, que visa ao conhecimento, à conservação e à reprodução dos valores impostos. Portanto, a relação educação-sociedade é de caráter conservador.	A educação recebida na escola cultua o imaginário da regeneração social.	A prática social é ponto de partida e de chegada. Os conteúdos tratados na escola objetivam a ampliação da capacidade de compreensão e transformação da realidade social.

(Quadro 3.4 – conclusão)

	Pedagogia tradicional	Pedagogia nova	Pedagogia progressista
Valores	São tomados como absolutos, eternos e imutáveis, devendo ser transmitidos e reproduzidos, em vez de questionados.	É preciso aproveitar e explorar ao máximo os recursos do homem como sujeito de sua existência, porém garantindo determinados valores socialmente indispensáveis.	Os valores sociais predominantes advêm das reflexões críticas referentes à sociedade capitalista. Essa vertente rejeita a ideia de que os valores sociais são determinados pela natureza e propõe que se repensem e se reconstruam a educação e a sociedade.

Ao longo do tempo, com base nessas concepções, os modelos de educação foram se modificando para atender às necessidades específicas da sociedade. Assim, podemos afirmar que a pedagogia atende aos anseios da sociedade no sentido de propor, manter e transformar seus valores. Para isso, ela atribui funções sociais e papéis distintos aos diferentes sujeitos que convivem no ambiente escolar, bem como à escola.

Conforme apresentado no Quadro 3.4, para cada escola da pedagogia havia uma concepção de sociedade e de valores que orientava o processo educacional. Assim, se a sociedade tinha como crença que os valores sociais eram inquestionáveis, o papel da escola era o de realizar sua manutenção, criando-se, assim, um sistema em que competia aos professores transmitir esses valores e aos alunos aceitá-los sem questionamentos. Quando os valores sociais passaram a ser questionados, coube aos profissionais da educação refletir sobre eles, apresentar críticas a determinado modelo e propor soluções. Nesse modelo, professores e alunos compactuam ideias que possibilitam a construção de uma nova sociedade.

Como atualmente se visa a um processo de ensino mais humanizador, o próprio campo de estudo da educação física também se tornou um campo de intervenção pedagógica. Isso pressupõe que, no âmbito da atuação profissional da área, muito mais do que a transmissão de instrução ou informação, o ideal é que se trabalhe com esse processo de humanização.

Nesse processo, caberia ao profissional, no âmbito de sua intervenção, pensar sobre quem é a pessoa com quem está trabalhando, o que essa pessoa espera da atividade que está realizando, por que ela deseja ter o corpo de determinada forma e quais são os objetivos que espera alcançar. Portanto, a reflexão que o profissional faz a esse respeito o leva a diferentes formas de atuação. Observe o exemplo a seguir.

Um profissional vai realizar um trabalho de condicionamento físico com um sujeito que tem como objetivo "ter o corpo da moda". Podemos afirmar que isso, na sociedade atual, é praticamente um valor social, visto que pessoas que não atendem a esse padrão corporal sofrem certo tipo de preconceito. Considerando-se as escolas de pedagogia apresentadas no Quadro 3.4, configuram-se as seguintes possibilidades:

- **Pedagogia tradicional**: O profissional, ao iniciar o processo de intervenção pedagógica, pode realizar um trabalho acrítico e apenas aplicar exercícios físicos para que o cliente emagreça e conquiste o corpo esperado (valor social). Para isso, a série de atividades proposta se repetirá por dias, pois a reprodução excessiva e exagerada moldará o corpo de acordo com o que a sociedade espera dele.

- **Pedagogia progressista**[1]: O profissional pode questionar o posicionamento do cliente, propondo uma reflexão ao sujeito de modo a construir novos valores sobre o corpo (saúde, bem-estar, humanização etc.). Essa atuação pressupõe repensar certos posicionamentos e valores e estabelecer metas conjuntamente, menos ousadas e mais realistas, levando-se em conta a individualidade do sujeito e o contexto em que ele se insere.

Para cada escolha, há uma concepção de ser humano e uma forma diferente de atuação do profissional, ou seja, a pedagogia direciona a intervenção profissional.

Tendo isso em vista, podemos entender que toda ação de intervenção humana se configura como uma ação político-pedagógica, uma vez que requer a escolha entre a manutenção de um modelo ou a transformação dele. Isso pressupõe fazer escolhas, tomar decisões, ter posicionamento crítico, individual e pedagógico, de modo a atender aos anseios e valores da sociedade. O exemplo utilizado foi escolhido com o propósito de mostrar que o conceito de *pedagogia* não se restringe à escola, pois o campo de atuação da educação física é a intervenção pedagógica direta. Na educação física escolar, as linhas pedagógicas também estão presentes, como indicado no Quadro 3.5.

---

[1] Como a escola nova também se propôs a romper com a pedagogia tradicional, optamos por apresentar apenas a pedagogia progressista (que é a vertente crítica), considerando, pois, que se trata de duas realidades próximas.

Quadro 3.5 Linhas de pensamento pedagógicas na educação física

	Pedagogia tradicional	Pedagogia progressista
Concepção de aluno	Realizador de tarefas corporais voltadas à melhoria da higiene, à eugenia e aos valores capitalistas do esporte, cujo objetivo é a doutrinação do corpo.	Ativo, aberto ao diálogo, participativo, cooperativo e preocupado com o respeito às diferenças. Objetiva a apropriação crítica dos elementos culturais do movimento.
Concepção de professor	Reprodutor insistente de modelos didáticos, objetiva a eficiência, a produtividade, a perseverança e o saber ganhar e perder.	Mediador do processo educativo, age de forma reflexiva e crítica. Promove o conhecimento pelo processo da compreensão com base no diagnóstico da realidade, na emissão de juízo de valores sobre esta e na indicação de caminhos a seguir levando-se em consideração as necessidades sociais.
Papel da escola	Contribuir para a preservação do discurso social, privilegiando a igualdade sem equidade.	Propiciar a transformação e a emancipação social a partir da apropriação crítica dos elementos culturais do movimento.
Sociedade	Obediência, respeito à autoridade e submissão.	Leitura crítica da realidade social.
Valores	Manutenção dos valores sociais e servidão aos objetivos da saúde, da eugenia e do esporte.	Questionamento dos valores sociais expressos nos elementos culturais do movimento.

Como você pode perceber, as diferentes linhas pedagógicas supõem caminhos distintos para o trabalho do professor e podem indicar a manutenção de um discurso/forma de atuação ou sua transformação. Nesse sentido, não existe proposta que se coloque como intermediária entre as posições, visto que, ao assumir uma proposição de não mudança, a escolha pela manutenção do modelo pedagógico está implícita. Vejamos um exemplo.

O professor, ao abordar o tema *basquete na escola*, pode simplesmente privilegiar a aprendizagem de gestos técnicos e de regras da modalidade, propondo que a aula seja um espaço de aperfeiçoamento das destrezas individuais. Por outro lado, o professor pode propiciar um espaço de convivência no qual os valores do esporte e da sociedade (modelos sociais perpetuados) – como a valorização dos mais aptos, a discriminação dos menos habilidosos e o respeito às regras e à mudança nas regras – possam ser objeto de estudo e de reflexão entre os alunos e ele próprio.

Você consegue perceber a qual pedagogia se refere cada prática apresentada? Atualmente, essas duas linhas pedagógicas subsistem nas escolas e são formas possíveis de intervenção profissional. Observe que ambas trabalham com o basquete, porém se distanciam ao apresentar diferentes valores, finalidades, concepções de sociedade, aluno, escola e educação física.

Note também que dar aula de Educação Física pressupõe a realização de uma ação pedagógica e, nesse sentido, é preciso, de antemão, refletir sobre as questões pedagógicas envolvidas na ação a ser desenvolvida.

Indicações culturais

Artigos

Para aprofundar seus conhecimentos a respeito das teorias pedagógicas aplicadas à educação física, indicamos a leitura dos dois textos especificados a seguir.

BRACHT, V. A constituição das teorias pedagógicas da educação física. **Cadernos Cedes**, v. 19, n. 48, p. 69-88, ago. 1999. Disponível em: <http://www.scielo.br/pdf/ccedes/v19n48/v1948a05.pdf>. Acesso em: 20 out. 2017.

GONZÁLEZ, F. J.; FENSTERSEIFER, P. F. (Org.). **Dicionário crítico de educação física**. Ijuí: Ed. da Unijuí, 2005.

Síntese

Neste capítulo, apresentamos um levantamento sobre as principais áreas que influenciam o estudo da educação física, a fim de descrever, em linhas gerais, como se manifestam na intervenção do profissional da área.

A primeira área que apresentamos foi a antropologia. Considerada a ciência da humanidade e da cultura, essa área tem como objeto de estudo o ser humano e as instâncias que o envolvem. Trata-se de uma ciência com um amplo campo de investigação, que abrange as questões espacial, temporal e social da vida humana.

Em seguida, tratamos da sociologia, cujo objetivo é interpretar e analisar o comportamento humano no meio social, os processos e as relações de interdependência entre os indivíduos de uma mesma sociedade.

Ao apresentarmos essas duas áreas, destacamos que estas utilizam os métodos das ciências humanas para a produção de conhecimento. Quando aplicadas à educação física, elas possibilitam outros olhares sobre os elementos culturais do movimento, como os que ressaltam a influência da cultura local no desenvolvimento esportivo, a influência da mídia no esporte, o processo de profissionalização no esporte, os interesses e motivos na adesão ao esporte e os sentidos e significados que diferentes grupos dão ao esporte.

A terceira área abordada foi a psicologia, que estuda as funções mentais e o comportamento do indivíduo. Assim como ocorre com as demais áreas, não é possível identificar uma psicologia específica da educação física, mas é possível aplicá-la ao estudo desta. Por exemplo, a perspectiva cognitiva da psicologia ajuda o profissional de educação física a intervir na aprendizagem dos elementos culturais do movimento.

Na sequência, tratamos dos estudos filosóficos vinculados à educação física. A filosofia é uma área que fomenta a reflexão, o questionamento e a busca por conhecimento. O que diferencia essa área da ciência é a impossibilidade de muitos de seus questionamentos serem verificados pelos métodos experimentais da ciência.

Também apresentamos algumas considerações a respeito das ciências biológicas, ou ciências da vida, que integram as ciências da natureza. No campo da educação física, os estudos da anatomia, da biomecânica, da bioquímica e da fisiologia são bastante utilizados.

Por fim, mostramos que a pedagogia tem como objetivo principal a melhoria do processo de aprendizagem dos indivíduos, como o exercício da reflexão e a aquisição do saber com base em um conjunto de medidas organizadas e projetos didáticos que conduzem os processos de reflexão e ação entre educadores e educandos.

■ *Atividades de autoavaliação*

1. Analise as características das práticas mostradas a seguir e assinale (1) se a aula se aproxima mais da pedagogia tradicional ou (2) se ela se aproxima mais da pedagogia progressista.

    ( ) O professor promove aulas de futebol em que os exercícios são voltados à reprodução dos fundamentos da modalidade.

    ( ) Ao trabalhar com o esporte, o professor propõe que haja uma ressignificação dos valores do esporte, objetivando a prática coletiva.

    ( ) A escola propõe, na reunião de início de ano, que as atividades desenvolvidas nas aulas de Educação Física privilegiem a formação de equipes para representar a escola no campeonato da cidade.

    ( ) As aulas de Educação Física têm caráter descontraído e os alunos aproveitam para se divertir e conversar, visto que não é possível fazer isso nas outras aulas.

    ( ) O jogo realizado na aula de Educação Física é para o aluno extravasar e voltar mais tranquilo para a sala.

    Agora, assinale a alternativa que corresponde à sequência correta:

    a) 1, 1, 2, 1, 2.
    b) 1, 1, 1, 1, 1.
    c) 1, 2, 1, 1, 1.
    d) 2, 2, 1, 1, 1.
    e) 1, 1, 2, 2, 2.

2. São contribuições da sociologia e da antropologia para o campo de estudo da educação física:

    I. estudos sobre o motivo de alguns países apresentarem melhor desempenho em determinada categoria esportiva.

II. o estudo dos benefícios do exercício físico para determinado público (por exemplo, cardíacos, hipertensos ou diabéticos).
III. a elaboração de projetos de trabalho que levam em consideração os interesses da sociedade.
IV. os interesses e as motivações na aderência ao exercício físico.

Agora, assinale a alternativa correta:
a) Somente as afirmativas I, II e III estão corretas.
b) Somente as afirmativas II, III, e IV estão corretas.
c) Somente as afirmativas I e IV estão corretas.
d) Somente as afirmativas II e IV estão corretas.
e) Somente as afirmativas I e III estão corretas.

3. Leia as proposições a seguir e verifique quais delas estão corretas.

I. A sociologia trabalha com fatos isolados e fatos generalizáveis.
II. A psicologia estuda o comportamento individual dos sujeitos, mesmo quando estes estão em grupo.
III. A biologia estuda fatos da vida humana; integra as ciências da natureza, ou ciências experimentais, e utiliza experimentos com seres humanos para a produção do conhecimento.
IV. A filosofia integra as ciências da natureza e discute os fenômenos não explicados pela ciência.

Agora, assinale a alternativa correta:
a) Somente as afirmativas II e III estão corretas.
b) Somente as afirmativas II, III, e IV estão corretas.
c) Somente as afirmativas I e IV estão corretas.
d) Somente as afirmativas II e IV estão corretas.
e) Somente as afirmativas I e III estão corretas.

4. Assinale a alternativa **incorreta**:
   a) As diferentes abordagens das ciências aplicadas a respeito da cultura do movimento corporal contribuem para a ampliação dos conhecimentos em relação ao campo de intervenção profissional da educação física.
   b) As diferentes abordagens das ciências são fundamentais para a produção do conhecimento aplicado à educação física.
   c) O conjunto das ciências que estudam a educação física constitui o que chamamos de *ciências da educação física*.
   d) As ciências e a filosofia têm métodos e técnicas de levantamento de dados próprios que, quando aplicados aos elementos da cultura constituída sobre o corpo, ampliam a compreensão sobre dado fenômeno.
   e) Sem a ciência e a filosofia, não seria possível a construção do corpo de conhecimento da área.

5. Os conhecimentos da biologia são importantes para o profissional de educação física, uma vez que seu objeto de estudo é a intervenção pedagógica com seres humanos. A respeito disso, é correto afirmar que:
   I. a biomecânica utiliza os métodos da mecânica para mensurar as forças físicas que agem sobre o corpo (biomecânica externa) e também o movimento relacionado às articulações, aos ossos e aos tecidos do corpo (biomecânica interna).
   II. a bioquímica investiga as transformações químicas que ocorrem nas substâncias e moléculas provenientes dos processos metabólicos (níveis de glicemia do sangue, colesterol, ureia, creatinina), tanto em estado de repouso quanto em movimento.
   III. os conhecimentos advindos da fisiologia são utilizados para compreender as mudanças que ocorrem no organismo quando se praticam exercícios físicos.

Agora, assinale a alternativa correta:
a) Somente as afirmativas I e III estão corretas.
b) Somente as afirmativas II e III estão corretas.
c) Somente as afirmativas I e II estão corretas.
d) Somente a afirmativa II está correta.
e) As afirmativas I, II e III estão corretas.

■ Atividades de aprendizagem

Questões para reflexão

1. De acordo com os conhecimentos que você adquiriu neste capítulo, explique como a antropologia e a sociologia contribuem para a ampliação dos conhecimentos em educação física e quais são os principais motivos que as tornam importantes para a área.

2. Você considera que a pedagogia é exclusividade do ambiente escolar e das pessoas que nele atuam? Discorra sobre o assunto.

Atividade aplicada: prática

Agora que você já refletiu sobre as diferentes formas de produção de conhecimento em educação física, escolha dois artigos científicos para leitura – podem ser os indicados ao longo do capítulo – e faça um fichamento desses textos. Em suas anotações, procure elencar os elementos trabalhados no capítulo – o objeto de estudo da área em questão, as correntes de pensamento que balizaram os estudos na área, a ciência de origem, as características do estudo etc. –, buscando sempre associá-los ao campo de investigação da educação física.

Capítulo 4

Eixos teóricos
e intervenção profissional

Os megaeventos esportivos, as formas encontradas para ocupação do tempo livre e a preservação dos direitos da pessoa humana relacionados à saúde, ao lazer e à educação têm propiciado um campo de intervenção promissor para o profissional de educação física.

É válido ressaltar que a área já tinha certo prestígio social, pois sempre esteve associada a outros agentes sociais (médicos, militares, instituições esportivas). No entanto, o que há de diferente atualmente é que a educação física tem conquistado seu espaço como área do conhecimento, como área de intervenção profissional e como disciplina escolar.

Nesse sentido, podemos apontar a década de 1980 como de importância fundamental para a área, uma vez que o período foi marcado pela expansão de seu campo de atuação profissional, pelo aumento de ofertas de espaços destinados à prática de atividades e exercícios físicos e pelo crescimento do capital humano e de investimento em pesquisa, o que possibilitou a ampliação da área e do conhecimento aplicado a ela.

Na atualidade, o campo de intervenção do profissional de educação física é bastante amplo e atende a diferentes interesses, como o educacional, o esportivo, o da saúde e o do lazer, assim como se apresenta como forma de construção de espaços democráticos de convivência e construção da cidadania.

Tendo isso em vista, este capítulo destina-se ao reconhecimento das diferentes dimensões teóricas que influenciam a intervenção em educação física.

4.1 Educação

Conforme mencionado no primeiro capítulo deste livro, desde a implantação da educação física na escola moderna brasileira, essa área desfruta de uma função importante no cenário social da educação. Fundamentada basicamente pelos preceitos de higiene trazidos pela classe médica, no final do século XIX e início do século XX, a educação física foi apresentada à escola com a finalidade de promover a saúde da população por meio da criação de hábitos higiênicos e de cuidado com o corpo. O que não se sabia era que esse primeiro contato da área com a escola possibilitaria um vínculo histórico entre a educação física e a saúde.

Por outro lado, a abordagem dos métodos ginásticos despertou o interesse dos militares, que passaram a vislumbrar a escola como espaço para forjar o homem forte, saudável e livre de vícios, perfil propício para a formação de bons soldados e operários. Assim, por meio dos métodos ginásticos europeus, principalmente o sueco, a educação física construiu as suas raízes na escola.

Como mencionamos no Capítulo 1, em meados do século XX, iniciou-se uma nova etapa na educação física brasileira, com a introdução de um método de trabalho denominado *método desportivo generalizado*, criado pelo Instituto Nacional de Esportes da França (Betti, 1991). Contrário aos antigos métodos ginásticos, o novo método enfatizava a aprendizagem dos esportes de forma lúdica. Assim, o discurso biológico pregado no passado (o higienista e o eugênico) deu espaço à possibilidade de desenvolvimento biopsicosocial, que enfatizava o valor educativo do jogo.

Na época, as preocupações decorrentes da forma correta de como ensinar foram a marca dos manuais práticos e dos livros, que traziam os processos voltados à aprendizagem esportiva. Por sua vez, a aprendizagem dos gestos técnicos das modalidades esportivas acentuava a necessidade da reprodução de movimentos, exaustivamente repetidos e mecanicamente realizados. Além disso, a ênfase dada ao esporte o colocou como sinônimo de *educação física*, ou seja, ninguém mais fazia educação física no sentido literal da palavra, e sim praticava esportes, ou seja, o que se viu foi o modelo esportivo assumindo as aulas, dando origem ao termo *esportivização da educação física*.

Esses três primeiros momentos da educação física escolar brasileira (métodos ginásticos, método desportivo generalizado e método esportivo) foram marcados pela despreocupação com as discussões que pudessem acrescentar avanços nas questões pedagógicas da área. Esses métodos tinham em comum o estigma que os subordinava a outras instituições (médica, militar e esportiva), as quais refletiam suas determinações nas práticas utilizadas em cada época.

É importante relembrar, ainda, que a crise vivida pela educação física na década de 1980, marcada pelo questionamento sobre seus valores e, principalmente, pelo questionamento das próprias experiências anteriores, conduziu ao repensar das bases filosóficas e pedagógicas da área e à discussão, no nível acadêmico, das finalidades da educação física escolar – a necessidade do reconhecimento da especificidade da área e do conhecimento a ser tratado nas aulas.

Os debates se intensificaram e novas propostas foram elaboradas por professores, gerando projetos para a educação física escolar e, muitas vezes, também apontando severas críticas aos modelos anteriormente apresentados. Esses projetos se transformaram em novas proposições ou formas de compreensão do objeto de estudo da área.

Alguns dos projetos propostos alcançaram maior relevância no cenário nacional. Embora tenham sido apresentadas diversas perspectivas, muitas vezes conflitantes em sua prática, os novos olhares tiveram como ponto comum a tentativa de romper com o modelo esportivo. Atualmente, esses projetos são reconhecidos como proposições teórico-metodológicas da educação física – e resultam da articulação de diversas teorias.

As principais proposições da área são as seguintes: psicomotricista (Negrine, 1983), humanista (Oliveira, 1984), desenvolvimentista (Tani et al., 1988), construtivista (Freire, 1991), fenomenológica (Moreira, 1991), sociológica (Betti, 1991), histórico-crítica (Soares et al., 1992), crítico-emancipatória (Kunz, 1994), antropológica (Daolio, 1995) e biológico-renovada (Nahas, 1997; Guedes; Guedes, 1996).

Nessas proposições, foram encontrados pontos aglutinadores sobre a concepção de educação física e um elo capaz de reunir o conteúdo dos diversos projetos, no qual a palavra *cultura* ganhou destaque.

De acordo com González e Fensterseifer (2005, p. 107-108), o emprego do termo *cultura* tem sido associado com frequência a termos tradicionais na área, como *cultura corporal* e *cultura corporal de movimento*: "Todos esses autores e mesmo aqueles que não estudam a Educação Física a partir de referenciais das Ciências Humanas – mesmo considerando suas diferentes análises – parecem concordar que todas as manifestações corporais do homem são geradas da cultura humana". Complementando essa ideia, Daolio (2004, p. 8) aponta que

> *O profissional de Educação Física não atua sobre o corpo ou com o movimento em si, não trabalha com o esporte em si, não lida com a ginástica em si. Ele trata do homem nas suas manifestações culturais relacionadas ao corpo e ao movimento humano, historicamente definidas como jogo, esporte, dança, luta e ginástica.*

Tendo isso em vista, a partir da observação das construções culturais relativas ao homem, ao corpo e ao movimento, o componente curricular incorporou, em seus conteúdos, conhecimentos referentes ao corpo, ao jogo, ao esporte, à dança, à ginástica e à luta.

Atualmente, a disciplina de Educação Física procura construir no ambiente escolar significados que busquem explicar esses elementos culturais como parte dos conteúdos de ensino, contextualizando sua relevância histórica, seu significado social e suas transformações, bem como sua aplicação na escola e na sociedade, considerando-se as necessidades individuais e coletivas dos alunos. Assim, a finalidade da educação física é introduzir, integrar e instrumentalizar o aluno nesse ambiente cultural, para que ele possa usufruir, de forma autônoma e crítica, desses elementos (Betti; Zuliani, 2009). Em outras palavras, o papel do professor de Educação Física é propiciar ao aluno o acesso às práticas dessa cultura e o desenvolvimento da capacidade de discerni-las e reinterpretá-las de acordo com os seus conhecimentos.

Com relação à prática pedagógica do professor, esse novo papel atribuído à disciplina pressupõe uma abordagem que contempla ação e reflexão pedagógica associadas a uma vivência corporal concreta. Assim, a ação pedagógica que se objetiva desenvolver atualmente na disciplina de Educação Física visa superar o antigo **fazer corporal**, pautado na prática descontextualizada e acrítica dos elementos culturais do movimento, por meio da reflexão sobre as próprias ações corporais vividas.

Com base no conteúdo exposto até aqui, podemos perceber que, antes da década de 1980, as finalidades da educação física se voltavam para os próprios objetivos da área, ou seja, apenas para o desenvolvimento do corpo biológico. As mudanças ocorridas nas últimas décadas fizeram com que os objetivos e as finalidades da área se aproximassem dos objetivos educacionais, uma vez que a educação física encontrou na cultura humana o conteúdo que a direciona na escola.

Indicações culturais

Artigos

Para aprofundar seus conhecimentos sobre o percurso histórico da educação física na escola e as proposições teórico-metodológicas da área, sugerimos a leitura do artigo a seguir.

BETTI, M.; ZULIANI, L. R. Educação física escolar: uma proposta de diretrizes pedagógicas. **Revista Mackenzie de Educação Física e Esporte**, v. 1, n. 1, p. 73-81, 2009. Disponível em: <http://editora revistas.mackenzie.br/index.php/remef/article/view/1363/1065>. Acesso em: 20 out. 2017.

A respeito da apresentação da finalidade, dos objetivos, dos conteúdos e da organização da educação física, sugerimos a leitura do artigo a seguir

BRACHT, V. A constituição das teorias pedagógicas da educação física. **Cadernos Cedes**, v. 19, n. 48, p. 69-88, ago. 1999. Disponível em: <http://www.scielo.br/pdf/ccedes/v19n48/v1948a05.pdf>. Acesso em: 20 out. 2017.

4.2 Lazer

Atualmente, é quase impossível programar atividades ou falar sobre lazer sem pensar antes no trabalho. Isso porque, a partir da Revolução Industrial (1760-1840?), o trabalho, que era realizado em função do ritmo do trabalhador, passou a tomar grande parte da vida das pessoas, chegando a atingir 80 horas semanais. Essas longas jornadas de trabalho eram extremamente desgastantes. Tal condição foi o estopim para que, no final do século XIX e início do século XX, os trabalhadores reivindicassem a redução da jornada de trabalho, criando-se, assim, o tempo de descanso/lazer.

1. O que você entende por *lazer*?
2. Quais relações você consegue estabelecer entre lazer e educação física?
3. Como o profissional de educação física pode contribuir para o lazer das pessoas?

É fundamental destacar, neste ponto, que a compreensão sobre o papel que a educação física exerce no lazer é muito importante para o profissional que pretende trabalhar na área, visto a relevância do lazer na sociedade atual.

Examinemos, então, alguns conceitos de *lazer* para possibilitar uma reflexão mais aprofundada sobre o tema. De acordo com os pesquisadores da área, o lazer pode ser conceituado com base em três visões distintas: uma relacionada ao tempo; outra à atitude do sujeito; e outra que o concebe como espaço de construção da cidadania.

Quadro 4.1 Conceitos de *lazer*

Autor	Conceito
Joffre Dumazedier (1976, p. 19)	"o lazer é um conjunto de ocupações às quais o indivíduo pode entregar-se de livre vontade, seja para repousar, seja para divertir-se, recrear-se e entreter-se, ou ainda, para desenvolver sua informação ou formação desinteressada, sua participação social voluntária ou sua livre capacidade criadora após livrar-se ou desembaraçar-se das obrigações profissionais, familiares e sociais".
Nelson Carvalho Marcellino (2001, p. 31)	É a "cultura – compreendida em seu sentido mais amplo – vivenciada (praticada ou fruída) no tempo disponível".
Fernando Mascarenhas (2003, p. 10)	Trata-se de "um tempo e um lugar de construção da cidadania e exercício da liberdade".

O fato que merece destaque nesses três conceitos é o **caráter desinteressado do lazer**. Afinal, quando uma pessoa se submete ao lazer, não pode pensar na busca de outra recompensa que não seja a satisfação provocada por ele mesmo. Por outro lado, os fatores **tempo** e **atitude** são inerentes ao lazer e à opção pela atividade prática ou contemplativa a que o sujeito se submete, e isso remete a outra particularidade do lazer: as áreas de interesse.

Se o tempo se destina ao descanso e à diversão, a atitude do sujeito que usufrui do lazer, em geral, está diretamente relacionada a sua preferência, sua área de interesse, que pode relacionar-se a atividades práticas[1] (como participar de um jogo ou pin-

---

[1] Aqui, a palavra *prática* está relacionada ao verbo *praticar*.

tar um quadro) ou atividades contemplativas (como a apreciação de obras de arte, de filmes e de peças de teatro). Esse é apenas o ponto de partida das várias possibilidades de atividades que podem ser desenvolvidas no tempo livre.

Dumazedier (1980) e outros autores, como Marcellino (2007), propuseram a organização didática para o lazer em função dos interesses que prevalecem nas atividades, relacionando-as a seis categorias: manuais, intelectuais, sociais, artísticas, físico-esportivas e turísticas. Mais recentemente, Schwartz (2003) fez menção ao interesse virtual como outra categoria do lazer.

Como é possível perceber, o entendimento a respeito do lazer vai além do campo de intervenção da educação física, principalmente se observarmos que, até pouco tempo, a atuação do profissional era voltada apenas ao desenvolvimento do corpo biológico e ao rendimento físico-esportivo.

Assim, o profissional que atua com lazer deve ter ampla formação para tal, inicial e continuada, de forma que seja possível a ele refletir sobre as demandas sociais e também responder aos anseios dessa demanda pelo lazer, uma vez que a atitude do sujeito é construída pela sua vontade individual, mas determinada culturalmente por condicionantes sociais.

> Visto que a atitude do sujeito é construída socialmente e o papel do profissional de educação física nas atividades relativas ao lazer é o atendimento da demanda social, podemos afirmar que o trabalho desse profissional pressupõe a formação para a prática do lazer. Isso significa que, além das atividades que podem ser desenvolvidas pelo profissional da área, cabe a ele também auxiliar na formação do sujeito para o lazer.

Com base nessa reflexão sobre a relação entre educação física e lazer, podemos fazer os seguintes questionamentos: Quais tipos de programas estão previstos nas políticas públicas? Será que as pessoas têm fácil acesso a essas atividades? Os espaços são acessíveis a toda a população (espaço público, forma de deslocamento até o local, horário e dia de funcionamento)? Atende-se aos diferentes interesses? Como se organizar individual e coletivamente para as atividades de lazer e como reivindicá-las? Existem mecanismos para a participação da sociedade na concepção, fruição e avaliação desses programas e ações?

Como é possível perceber, o trabalho com o lazer não se restringe apenas à animação sociocultural ou ao trabalho com as atividades físico-esportivas. Portanto, novamente chamamos a atenção para a responsabilidade social que cabe ao profissional de educação física nesse contexto: **formar o cidadão para o lazer**.

Indicações culturais

Livro

Para saber um pouco mais sobre a relação entre o lazer e a educação física, sugerimos a leitura do livro a seguir.

SILVA, C. L. da; SILVA, T. P. **Lazer e educação física**: textos didáticos para a formação de profissionais do lazer. Campinas: Papirus, 2012. (Coleção Fazer/Lazer).

4.3 Esporte

No contexto atual, é quase impossível encontrar pessoas que não tenham experiências com ao menos um esporte. Afinal, há uma diversidade de modalidades esportivas que são praticadas com ou sem orientação de especialistas.

A prática de esportes pode estar relacionada ao lazer, à busca por condicionamento físico ou adrenalina e até à construção de relacionamentos sociais e à diminuição do nível de estresse provocado pela vida agitada.

Tendo em vista essa variedade de objetivos, como podemos classificar uma atividade como esporte? Para responder a esse questionamento, observe as situações a seguir.

- **Situação 1**: Em uma entrevista de um programa de variedades, quando questionada sobre seu esporte preferido, Cláudia respondeu que era a caminhada e que realizava essa atividade para se manter saudável.
- **Situação 2**: Bruno, ao ter contato com o conteúdo de judô na escola, encantou-se pelo esporte. Desde então, ele participa de campeonatos, nos quais costuma obter ótimos resultados.
- **Situação 3**: Amanda iniciou precocemente seus treinamentos de handebol na escolinha do município em que morava. Não tinha noção de que um dia seria integrante da equipe nacional e que disputaria uma Olimpíada.
- **Situação 4**: Em uma conversa com seu pai, Maria explica que o esporte mais trabalhado na escola é o futebol, mas salienta que ele é diferente daquele que passa na televisão.

Embora as atividades sugeridas nos quatro exemplos (caminhada, judô, handebol e futebol) sejam geralmente encaradas como esportes, elas apresentam peculiaridades que as descaracterizam como tal. Isso porque, no **esporte formal**, existem valores institucionalizados.

Inicialmente, é importante destacar que o esporte formal ou de rendimento carrega certos valores não encontrados em outras atividades. Estas, por sua vez, passam a ser compreendidas, muitas vezes, como esporte informal. Não é nossa intenção apresentar um conceito para esporte, mas explicá-lo com base em características que o constituem como tal.

Quadro 4.2 Características do esporte formal

Interação social	É caracterizado pela competição entre indivíduos ou grupos por meio da execução, comparação ou avaliação de medidas das capacidades físicas, estratégias de ação e gestos precisos que se aproximem da perfeição e do rendimento máximo do corpo humano, realizadas em condição de igualdade.
Regulamentação	Para mediar uma competição ou um confronto, há regras rígidas que oferecem certa condição de igualdade aos participantes. Essas regras são institucionalizadas por organismos internacionais (federações e confederações) que dão unidade aos mecanismos de controle das ações, possibilitando, assim, que essas regras sejam compreendidas em qualquer parte do mundo.
Mediação durante as ações	Como no esporte a lealdade às regras é privilegiada, as ações dos praticantes de determinada categoria são mediadas por agentes externos ao confronto, ou seja, os conflitos não são controlados pelos próprios participantes que se envolvem na ação, mas por indivíduos que recebem o nome de *árbitros*. Toda infração pressupõe uma falta que deve ser penalizada.
Atitudes dos participantes	A atitude dos sujeitos privilegia a competição e a busca pela vitória a qualquer custo, objetivo primeiro e principal do confronto.
Recompensa	Se a busca pela vitória é o que motiva o confronto, a recompensa que se espera é externa ao indivíduo (contratos, dinheiro, fama, medalhas, retorno da mídia, reconhecimento social, troféus, entre outras).

Em decorrência das características apresentadas para o esporte, muitas atividades e exercícios físicos que comumente recebem essa denominação, na verdade, não são considerados esportes, uma vez que não derivam da ideia originária que os caracteriza. Por exemplo, práticas denominadas *esportivas* que não são atividades de confronto e não objetivam recompensas externas, como a caminhada e a ginástica de condicionamento físico, ou cujas regras deixam de ser rígidas e se adéquam ao contexto local, como o futebol, o vôlei e o basquete entre os amigos na escola, não têm as características do esporte formal e, portanto, não são encaradas como tal. Nesse sentido, trata-se de algo parecido com o esporte, mas que não é o esporte.

Ainda assim, atualmente é comum certas práticas esportivas que inicialmente fugiam à conceituação que apresentamos, serem consideradas esportes, como o surfe, o tiro e o próprio adestramento de animais. No entanto, essas categorias passaram a apresentar características inerentes ao esporte formal, como institucionalização, organização, regulamentação, competição e recompensa externa. Seguiram o mesmo caminho de diversas práticas culturais, como as artes marciais, criadas como forma de defesa pessoal – posteriormente, as artes marciais sistematizaram seus movimentos, de forma que as técnicas de ataque e de defesa pudessem ser quantificadas em forma de pontuação, a fim de que houvesse um vencedor.

Perguntas & respostas

1. Como explicar o interesse que há em transformar práticas milenares em esporte?

Para respondermos a essa pergunta, recorremos a González e Fensterseifer (2005, p. 172): "o seu reconhecimento como uma prática socialmente valiosa, até os interesses pela mercantilização e profissionalização dos seus agentes". Em outras palavras, a busca por prestígio social e a abertura ou ampliação do esporte como campo profissional motivaram a adaptação de muitas práticas ao modelo do esporte formal.

González e Fensterseifer (2005) ainda ressaltam que a ênfase dada ao esporte de rendimento nas práticas pedagógicas desenvolvidas na escola ocasionou o fenômeno denominado *esportivização*.

O professor Mauro Betti (2006), que se dedicou a estudar o fenômeno esportivo, atribuiu principalmente à exposição na mídia e na escola e à esportivização[2] essa cultura de considerar tudo como esporte.

Em virtude desses fatores, a intervenção do profissional de educação física com o esporte pressupõe a compreensão das finalidades e das formas com que o esporte se apresenta para diferentes públicos e ambientes sociais, para que ele possa utilizar estratégias adequadas e específicas de acordo com o contexto de aplicação.

Vamos analisar uma situação em que o ambiente social é a escola.

De acordo com o contexto apresentado em relação ao esporte, seria propício ao professor questionar a polissemia[3] existente na palavra *esporte* e, ao mesmo tempo, apresentar as características do esporte formal? Com certeza. Essa é uma ótima temática a ser discutida na escola, visto que possibilita uma série de reflexões a respeito do esporte.

---

[2] Fenômeno que associa os elementos da cultura do movimento ao esporte espetáculo.
[3] Vários sentidos atribuídos ao mesmo termo.

No contexto atual, o esporte formal é concebido como espetáculo. Tendo isso em vista, será que esse é o modelo de esporte ideal para disseminar na escola? Será que é possível trabalhar na escola com uma configuração de esporte que atenda às finalidades do esporte de rendimento? Qual seria então o esporte a ser ensinado na escola? Existe uma concepção de esporte mais adequada a ser ensinada nesse ambiente?

A forma de abordar o esporte na escola não pressupõe a criação de um novo esporte. Também devemos ter em mente que nem todas as características do esporte formal, de rendimento ou espetáculo são possíveis de serem enfocadas nesse ambiente social. É preciso que o esporte seja tratado de forma crítica, para que o aluno possa compreendê-lo como um fenômeno complexo, e não de forma simplista. Assim, é importante pensar em um trabalho que não considere o "esporte na escola" em seu sentido literal, ou seja, com base na instituição esportiva na escola (apresentação e ensino das características e valores de esporte de rendimento); em vez disso, é preciso que se encontrem possibilidades de atendimento aos objetivos da disciplina, da escola e da demanda. Para tanto, são necessárias adequações que atendam às necessidades desse ambiente social, ou seja, que promovam o desenvolvimento de ações caracterizadas como o "esporte da escola" (Vago, 1996).

Pensar o esporte dessa forma não pressupõe ignorar as grandes construções culturais referentes ao movimento humano. Não estamos negando sua existência ou negligenciando o trabalho com o esporte, e sim propondo que, nos diferentes ambientes, ele tenha o tratamento adequado para que não se torne excludente, discriminador, alienante e disciplinador, nem voltado somente aos interesses mercadológicos.

Observe a seguir três dos quatro ensinamentos do professor Valter Bracht (2000, p. 16-18, grifo do original) sobre os equívocos e mal-entendidos a respeito do trabalho com o esporte no ambiente escolar:

Equívoco/mal-entendido 1

*Quem critica o esporte é contra o esporte. Criticar o esporte ficou sendo entendido como uma manifestação de alguém que é contrário ao esporte no sentido lato. Com isso criou-se uma visão maniqueísta: ou se é a **favor**, ou se é **contra** o esporte. A EF [educação física] foi dividida por este raciocínio tosco, entre aqueles que são contra, de um lado, e aqueles que são a favor do esporte, de outro.*

[...]

Equívoco/mal-entendido 2

Tratar criticamente o esporte nas aulas de EF é ser contra a técnica esportiva. Portanto, os que não são críticos são tecnicistas. Por outro lado, aqueles que dizem tratar criticamente o esporte na EF negam a técnica, são contra o ensino das técnicas esportivas.

[...]

Equívoco/mal-entendido 4

Tratar criticamente do esporte na escola é abandonar o movimento em favor da reflexão.

Não se trata de ser contrário ao esporte, às técnicas da modalidade ou de abandoná-lo de vez na escola, e sim de ter consciência de seu papel para diferentes públicos e ambientes. Embora tenhamos usado como exemplo o ambiente escolar, tais reflexões também se aplicam a outras realidades, como grupos especiais e na iniciação esportiva de crianças.

ııı *Indicações culturais*

Artigos

Para aprofundar seus conhecimentos sobre a relação entre o esporte e a educação física, sugerimos a leitura dos textos a seguir.

BRACHT, V. Esporte na escola e esporte de rendimento. **Movimento**, Porto Alegre, v. 6, n. 12, p. 14-24, 2000. Disponível em: <http://www.seer.ufrgs.br/Movimento/article/viewFile/2504/1148>. Acesso em: 20 out. 2017.

VAGO, T. M. O "esporte na escola" e o "esporte da escola": da negação radical para uma relação de tensão permanente – um diálogo com Valter Bracht. **Movimento**, v. 3, n. 5, p. 4-17, 1996. Disponível em: <http://portais.ufg.br/up/73/o/Texto_Tat_1__1_...pdf>. Acesso em: 20 out. 2017.

4.4 Saúde

No contexto atual, podemos perceber a grande evidência que as pessoas e os meios de comunicação têm dado às preocupações com a saúde. Repetidamente nos deparamos com campanhas publicitárias e programas que abordam o comportamento da população, com dicas para melhorar a saúde, aumentar a expectativa de vida e evitar ou controlar doenças. Esse bombardeio de informações sobre os cuidados com a saúde geralmente associam o exercício físico à busca do corpo saudável e da qualidade de vida.

E você, o que pensa sobre isso? Será que o exercício físico é sinônimo de saúde? O profissional da educação física é um profissional da área da saúde? Ele está apto para intervir no campo da saúde pública? E o mais importante: De que saúde estamos falando?

O primeiro conceito de *saúde pública* apresentava estreita ligação com a medicina e com as ciências naturais. Em virtude dessas ligações e da relação com os aspectos anatomofisiológicos, o conceito assumiu o caráter de não doença, ou seja, de ausência de doença.

Posteriormente, a Organização Mundial da Saúde (OMS, 1946) criou um novo conceito, segundo o qual a saúde pública é concebida como bem-estar físico, mental e social do indivíduo. Nessa perspectiva, a saúde deixou de se restringir ao corpo biológico, pois passou a abranger as esferas social e psicológica, de forma que o conceito está intimamente ligado às ciências naturais e humanas. Isso possibilita um novo olhar para o ser humano, que passa a atuar na promoção da saúde, e não apenas na prevenção de doenças.

- **O primeiro conceito** (ausência de doença): De certa forma, atribui-se a culpa de "estar doente" ao sujeito, pois, se saúde é a ausência de doença e a pessoa tem uma doença congênita ou adquirida, como o diabetes, quer dizer que para o resto da vida ela será doente, mesmo quando a doença estiver controlada. Nesses casos, a prevenção não será possível, uma vez que o doente já se acometeu do mal.
- **O segundo conceito** (completo bem-estar): Quando utilizamos esse sentido para a saúde, compreendemos que todos têm o direito de se sentir bem e de buscar a saúde na própria mudança de hábitos, atitudes e escolhas. Assim, *promover a saúde* significa preocupar-se com aquilo que faz bem para o corpo biológico, social e psicológico. Nesse caso, mesmo as pessoas com históricos de doenças podem alcançar o bem-estar, no sentido de se sentirem e conviverem bem com seus próprios problemas.

Para o profissional de educação física, esse entendimento implica o desenvolvimento de competências profissionais que favoreçam a educação e a saúde.

Observe o que estabelece o Estatuto do Conselho Federal de Educação Física sobre o assunto:

> *Art. 9 O Profissional de Educação Física é especialista em atividades físicas, nas suas diversas manifestações – ginásticas, exercícios físicos, desportos, jogos, lutas, capoeira, artes marciais, danças, atividades rítmicas, expressivas e acrobáticas, musculação, lazer, recreação, reabilitação, ergonomia, relaxamento corporal, ioga, exercícios compensatórios à atividade laboral e do cotidiano e outras práticas corporais, **sendo da sua competência prestar serviços que favoreçam o desenvolvimento da educação e da saúde**, contribuindo para a capacitação e/ou restabelecimento de níveis adequados de desempenho e condicionamento fisiocorporal dos seus beneficiários, visando à **consecução do bem-estar e da qualidade de vida**, da consciência, da expressão e estética do movimento, da **prevenção de doenças**, de acidentes, de **problemas posturais**, da **compensação de distúrbios funcionais**, contribuindo, ainda, para a consecução da autonomia, da autoestima, da cooperação, da solidariedade, da integração, da cidadania, das relações sociais e a preservação do meio ambiente, observados os preceitos de responsabilidade, segurança, qualidade técnica e ética no atendimento individual e coletivo.*
>
> [...]
>
> Art. 10 *O Profissional de Educação Física* **intervém segundo propósitos de prevenção, promoção, proteção, manutenção e reabilitação da saúde**, *da formação cultural e da* **reeducação motora**, *do rendimento físico-esportivo, do lazer e da gestão de empreendimentos relacionados às atividades físicas, recreativas e esportivas.* (Confef, 2010, grifo nosso)

Assim, atuar com a promoção da saúde não pode pressupor apenas as preocupações com o corpo biológico, com o desenvolvimento das capacidades físicas. Em muitas situações, a busca pelo exercício não está relacionada apenas à hipertrofia muscular, por exemplo. Dessa maneira, o profissional tem o papel de propor estratégias que atendam ao interesse da demanda, ou seja, ao interesse das pessoas que buscam orientação para a prática da atividade ou exercício físico. Isso exige, muitas vezes, que o profissional abra mão de crenças e tradições da área, visto que atendimentos personalizados exigem estratégias específicas e conhecimento aprofundado a respeito dos benefícios do exercício físico (que extrapolam aqueles anatomofisiológicos).

Na área da saúde, além das academias e de outros espaços convencionais, os profissionais de educação física também podem integrar equipes multidisciplinares em clínicas de reabilitação e em Núcleos de Apoio à Saúde da Família (Nasfs) e Núcleos de Apoio Psicossociais (NAPs). A intervenção nesses centros requer uma formação especializada direcionada ao público. Porém, esse tipo de atendimento tem demonstrado fragilidades, em especial na formação do profissional para intervir nessa área. O Quadro 4.3 apresenta dados de algumas pesquisas sobre a situação do atendimento do profissional da educação física na área da saúde.

Quadro 4.3 Dados sobre pesquisas que retratam a atuação do profissional de educação física na área da saúde

Autor	Resultado da pesquisa
Scabar (2014)	Entre os motivos que justificam a má formação profissional estão: • a ineficiência do currículo da graduação, que não atende a formação do perfil do egresso para a atuação na área de saúde; • a concepção adotada para *saúde* é frequentemente associada à prática de atividade física e esportiva e ao conceito de saúde e promoção da saúde.
Falci (2013)	A inserção recente do profissional de educação física na atenção primária trouxe expectativas positivas, porém a frágil formação dificulta sua inserção nessa área, pois é necessária a implementação de estratégias que estejam em consonância com os princípios e diretrizes do Sistema Único de Saúde.

(continua)

(Quadro 4.3 – continuação)

Autor	Resultado da pesquisa
Silveira (2012)	Há diferença significativa entre os profissionais que atuam na área de saúde em academias e nos Centros de Atenção Psicossociais (CAPs). Os profissionais que atendem grupos especiais nas clínicas e academias o fazem com certa dificuldade e desconhecimento (não conhecem os procedimentos de articulação em rede nem sabem planejar as próprias ações).
	Mesmo os profissionais que atendem clientelas específicas com grupos de idosos, obesos, hipertensos e diabéticos pautam suas intervenções em atividades nucleares de sua formação, que teve como base um currículo tecnicista e biomédico voltado à prática de atividades físicas.
	Embora as práticas e a atuação profissional precisem apresentar estratégias e atendimento diferenciado, a formação inicial desses profissionais não difere da dos profissionais que trabalham com outras atividades da área, o que nos leva a pensar: Como nos tornamos profissionais? Quais ações contribuem para que o profissional de educação física execute boas práticas no atendimento à saúde?
Anjos (2012)	Os próprios coordenadores dos cursos de Educação Física estão descontentes com a formação voltada para a atuação na área da saúde. Em suas pesquisas, aproximadamente 90% dos coordenadores de cursos de Educação Física concordam que o currículo do curso em que atuam deveria ser reformulado. De acordo com o estudo, o curso não prepara para a atuação na Atenção Básica à Saúde em razão da lacuna existente entre essa demanda específica e a formação do profissional.
Marcondes (2007)	Destaca-se a existência da demanda de trabalhos com práticas corporais no serviço público de saúde. Essa demanda pressupõe a ação direta com os usuários e também a consultoria e a multiplicação de saberes e práticas, contribuindo para a construção de ações direcionadas à comunidade.
	Os cursos de Educação Física têm propiciado pouca contribuição para a atuação na área da saúde, principalmente em relação ao cuidado com grupos especiais e atividades na área da gestão. A inquietação se repete: O que levaria a essa má formação? Como formar o profissional para tal atuação profissional?

(Quadro 4.3 – conclusão)

Autor	Resultado da pesquisa
Monteiro (2006)	O resultado da má formação dos profissionais de educação física se revela em sua atuação nessa área específica. Isso ficou claro para o autor quando este estudou o perfil de atuação dos profissionais de educação física que trabalham com diabéticos (*diabetes mellitus*) nas academias de Fortaleza. O autor percebeu que a maioria dos professores investigados não sabia informar os valores glicêmicos para considerar um aluno diabético e que grande parte dos profissionais investigados não realizava avaliações físicas prévias ou solicitavam liberação médica dos alunos com diabetes para realizarem exercícios físicos.
	Quase a totalidade dos profissionais não sabia informar contraindicações e recomendações de exercícios para essa clientela específica. Também não foram verificadas pelos profissionais formas de monitoramento de glicemia antes, durante ou depois do exercício.

De acordo com o que foi exposto sobre o atendimento a pessoas com necessidades especiais, enfermos e pessoas com perturbações crônicas de saúde, fica evidente que a qualificação do profissional de educação física para essa área ainda é necessária. Isso envolve o fortalecimento dos cursos de formação e, consequentemente, a reestruturação do currículo. Por outro lado, a reconstrução dos currículos de formação, com as práticas já consolidadas nesse campo de atuação e os conhecimentos produzidos na última década, já evidencia um período de transição, no qual já é possível supor que, em um futuro próximo, haverá a consolidação das experiências de novos formandos com as equipes multidisciplinares de saúde. Além disso, para que tais egressos concluam estudos de mestrado e doutorado, surgirá a necessidade de redimensionar o currículo para a formação de profissionais de educação física com perfil necessário para a atuação na área da saúde.

Como encerramento deste tópico, propomos os seguintes questionamentos para você refletir:

- Qual é a concepção de saúde presente nos cursos de graduação em Educação Física atualmente?
- Qual é a concepção que os alunos do curso de Educação Física têm sobre saúde e sobre a própria preparação para a atuação nessa área?
- Como os alunos recém-formados avaliam sua formação para a atuação na área da saúde?
- Como o profissional de educação física que atua na área da saúde constituiu os conhecimentos necessários para sua atuação?
- Como estruturar o currículo do curso de Educação Física que tenha a saúde como área de formação e aprofundamento, de modo a apresentar uma formação compatível com a intervenção profissional nessa área?

Indicações culturais

Livro

Para aprofundar seus conhecimentos a respeito da intervenção do profissional de educação física na área da saúde, sugerimos a leitura da obra a seguir.

BAGRICHEVSKY, M.; PALMA, A.; ESTEVÃO, A. (Org.). **A saúde em debate na educação física**. Blumenau: Edibes, 2003. v. 1.

4.5 Cidadania

Embora se trate de uma discussão bastante frequente, principalmente no meio educacional, ao procurarmos definir *cidadania*, deparamo-nos com uma infinidade de interpretações. Isso porque, como bem lembram Pinsky e Pinsky (2003), *cidadania* é um conceito histórico que sofreu variações com o tempo.

Quadro 4.4 Conceitos de *cidadania*

Autor	Definições
Braga (2002)	O sociólogo britânico T. H. Marshall, em seu conhecido ensaio "Classe social e cidadania", definiu *cidadania* como um conjunto de direitos que podem ser agrupados em três elementos: o civil, o político e o social. No entanto, esses elementos não surgiram simultaneamente, mas sucessivamente, desde o século XVIII até o século XX.
	O elemento civil é composto pelos direitos relativos à liberdade individual: o direito de ir e vir, a liberdade de imprensa e de pensamento, o discutido direito à propriedade e o direito à justiça (que deve ser igual para todos).
	O elemento político compreende o direito de exercer o poder político, mesmo indiretamente – como eleitor.
	O elemento social compreende tanto o direito a um padrão mínimo de bem-estar econômico e segurança quanto o direito de acesso aos bens culturais e à chamada *vida civilizada*, ou seja, é o direito não só ao bem-estar material, mas ao bem-estar cultural.
Pinsky e Pinsky (2003)	Ser cidadão é ter direito à vida, à liberdade, à propriedade e à igualdade perante a lei: é, em resumo, ter direitos civis. Ser cidadão também é participar no destino da sociedade, votar, ser votado, ter direitos políticos. Os direitos civis e políticos não asseguram a democracia sem os direitos sociais, que garantem a participação do indivíduo na riqueza coletiva, como o direito à educação, ao trabalho, ao salário justo, à saúde e a uma velhice tranquila. Exercer a cidadania plena é ter direitos civis, políticos e sociais.

Nas duas concepções apresentadas, que julgamos complementares, a cidadania é apresentada como um conjunto de direitos individuais e coletivos. Assim, o conceito difere do que é *ser cidadão*, que significa usufruir dos direitos da cidadania. Em outras palavras, a cidadania é a condição e o cidadão é o sujeito. Isso pressupõe dizer que todo sujeito tem direito a ser cidadão e usufruir de seus direitos de cidadania. Ao mesmo tempo, **ter direitos** implica a existência de deveres, uma vez que o direito de um indivíduo termina onde começa o do outro.

> O conceito de *cidadania* prevê direitos e deveres: se o indivíduo tem o direito à saúde, tem o dever de preservar o meio ambiente; se o direito de acesso aos bens culturais, também deve frequentar a escola e aprender. Usufruir de direitos e cumprir deveres possibilita uma convivência social harmoniosa.

A educação é um instrumento básico e indispensável à cidadania, afinal, é por meio dela que nos humanizamos, que reconhecemos os padrões éticos e estéticos que nos possibilitam viver em sociedade e que podemos conhecer nossos direitos.

Como instituição educacional, a escola é um dos espaços privilegiados para a conquista da cidadania plena, uma vez que possibilita o acesso a bens culturais e valores sociais e o desenvolvimento de atitudes e hábitos que contribuem para a formação crítica do cidadão. Não queremos afirmar, com isso, que aquele que não frequenta a escola não se torna cidadão – a escola é apenas um dos espaços para isso.

Com relação à educação física, de acordo com a proposta curricular da escola, ela é componente curricular obrigatório da educação básica, conforme referido na Lei de Diretrizes e Bases da Educação Nacional – Lei n. 9.394, de 20 de dezembro de 1996 (Brasil, 1996). Analisemos a seguir a posição de três autores a respeito da educação física e da formação cidadã.

Quadro 4.5 A formação cidadã em educação física

Autor	Citação
Betti e Zuliani (2009, p. 74-75)	"A Educação Física deve assumir a responsabilidade de formar um cidadão capaz de posicionar-se criticamente diante das novas formas da cultura corporal de movimento – o esporte-espetáculo dos meios de comunicação, as atividades de academia, as práticas alternativas etc. Por outro lado, é preciso ter claro que a Escola brasileira, mesmo que quisesse, não poderia equiparar-se em estrutura e funcionamento às academias e clubes, mesmo porque é outra a sua função. A Educação Física enquanto componente curricular da Educação básica deve assumir então outra tarefa: introduzir e integrar o aluno na cultura corporal de movimento, formando o cidadão que vai produzi-la, reproduzi-la e transformá-la, instrumentalizando-o para usufruir do jogo, do esporte, das atividades rítmicas e dança, das ginásticas e práticas de aptidão física, em benefício da qualidade da vida".
Ahlert (2004, p. 57)	"o profissional da Educação Física escolar tem todas as habilidades necessárias para romper a visão tradicional da disciplina [...] de ensinar o desporto e monitorar a prática do lazer. Sua variada formação na academia [...] não permite mais restringir-se apenas a explicar, de forma biomecânica, os movimentos humanos em todas as atividades esportivas e jogos diversos. Para a construção de uma cidadania plena, o profissional pode ajudar, a partir de cada atividade, a explicar as potencialidades do movimento em movimentos sociais e históricos que engendram a participação social e política para uma efetiva cidadania participativa".

(continua)

(Quadro 4.5 – conclusão)

Autor	Citação
Torres; Moura, 2013, p. 11)	"Portanto, quer tenhamos ou não consciência disto, estamos sempre interferindo no processo de formação cidadã, dando opiniões, debatendo diferentes assuntos, chamando a atenção dos outros, elogiando ou criticando realizações etc. Portanto, estamos sempre imputando nossa forma de ser e de acreditar no mundo. No entanto, como profissionais de educação, o que precisamos é fazer isto de forma deliberada, e pedagogicamente orientada. Precisamos também ter lucidez acerca do sentido da formação da cidadania que defendemos: para submissão ou para emancipação? Para dependência ou para a autonomia? Individualista ou solidária? Democrática ou autoritária?"

Como a educação física se define como uma intervenção pedagógica direta na sociedade, o profissional de educação física, por sua ação, interfere no processo de formação do cidadão, até mesmo com o compromisso de construir referenciais críticos que lhe permitam posicionar-se criticamente diante das diferentes formas que a cultura corporal de movimento assume. Isso porque práticas descontextualizadas e acríticas encontram resistência quando se objetiva a cidadania plena e participativa.

A educação física tem papel na construção da cidadania, porém reflexões sobre os motivos que direcionam as escolhas feitas pelo profissional, os conteúdos que perpassam sua atuação e a própria compreensão a respeito da finalidade da área é que darão sentido à definição do tipo de cidadão que ele está formando. Diante disso, o desafio que se apresenta ao profissional é o de avaliar constantemente sua intervenção, suas crenças e concepções, refletindo sempre sobre que tipo de cidadania se está defendendo.

⫼ Indicações culturais

Artigos

Para aprofundar a abordagem sobre a cidadania e a educação física, sugerimos a leitura dos artigos a seguir.

AHLERT, A. Educação física escolar e cidadania. **Vidya**, Santa Maria, v. 24, n. 42, p. 47-60, jul./dez. 2004. Disponível em: <https://www.periodicos.unifra.br/index.php/VIDYA/article/viewFile/403/377>. Acesso em: 20 out. 2017.

TORRES, U. S.; MOURA, D. L. A educação física escolar e a formação do cidadão: uma análise do discurso de dois expoentes da educação física brasileira. **Corpus et Scientia**, Rio de Janeiro, v. 9, n. 2, p. 3-15, jul./dez. 2013.

⫼ Síntese

Neste capítulo, apresentamos um levantamento sobre as diferentes dimensões que influenciam a intervenção profissional em educação física. Ao longo dessa abordagem, examinamos os principais conceitos dessas dimensões e como se vinculam à área.

Inicialmente, analisamos o vínculo entre educação física e educação. Mostramos como a educação física foi apresentada à escola, no final do século XIX. Para isso, retomamos as concepções higienistas e eugênica já apresentadas no primeiro capítulo.

Destacamos que, em meados do século XX, houve uma nova etapa na educação física brasileira com a introdução do método de trabalho denominado *método desportivo generalizado*, que enfatizava a aprendizagem dos esportes de maneira lúdica. Com essa ênfase dada ao esporte, este passou a ser concebido como sinônimo de *educação física* e o modelo esportivo tomou conta das aulas, dando origem ao termo *esportivização da educação física*.

A década de 1980 foi marcada pela crise de valores da educação física no âmbito escolar. Os debates se intensificaram e novas propostas foram elaboradas pelos docentes da área, gerando novos projetos para a disciplina. A partir desses novos projetos, a educação física incorporou, em seus conteúdos, conhecimentos referentes ao corpo, ao jogo, ao esporte, à dança, à ginástica e à luta, além de começar a dar destaque ao termo *cultura*. Assim, a educação física passou a ter como tarefa introduzir, integrar e instrumentalizar o aluno nesse ambiente cultural, a fim de que ele pudesse atuar de forma autônoma e crítica.

O segundo item abordado foi o lazer. Como se trata de algo que tem grande importância na vida do indivíduo, indicamos que cabe ao profissional de educação física desenvolver atividades específicas para cada indivíduo e auxiliar em sua formação para o lazer. Como mencionamos, o lazer pode ser organizado didaticamente em sete categorias de atividades, de acordo com o interesse do praticante: manuais, intelectuais, sociais, artísticas, físico-esportivas, turísticas e virtuais. A atitude do sujeito em relação ao lazer é construída pela sua vontade individual, mas determinada culturalmente por condicionantes sociais.

Em seguida, apresentamos de maneira mais detalhada a relação entre a educação física e o esporte. Explicamos, inicialmente, o conceito de *esporte formal*, que é caracterizado por valores institucionalizados não encontrados em outras atividades. Essas atividades não englobadas pelo conceito, muitas vezes, são classificadas como esporte não formal ou informal.

Além dessas atividades, há outras consideradas atualmente como esporte, mas que precisaram sofrer um processo de modificação para se adequarem ao conceito de *esporte formal*, como no caso das artes marciais.

Analisada a variedade de significados que envolvem o esporte, ressaltamos que a intervenção do profissional de educação física com o esporte pressupõe compreender as finalidades e as formas com que o esporte se apresenta para diferentes públicos e ambientes sociais. Isso é necessário para que o profissional possa utilizar estratégias adequadas e específicas ao contexto em que ele está trabalhando.

Na sequência, exploramos mais detidamente a relação entre educação física e saúde, que extrapola a concepção higienista. Analisamos duas concepções de *saúde pública*: a primeira guardava uma ligação estreita com a medicina e enfocava apenas a cura/ausência de doenças; a segunda relaciona saúde ao bem-estar, ou seja, trata-se de um conceito mais abrangente, que engloba a prevenção de doenças e também a qualidade de vida do indivíduo. Tais conceitos sugerem diferentes posicionamentos no campo de intervenção profissional: trabalhar com a prevenção de doenças ou com a promoção da saúde. O trabalho que visa à promoção de saúde pressupõe preocupações que extrapolam o corpo biológico e que exigem, muitas vezes, estratégias específicas, visto que as necessidades variam de um indivíduo para outro. Também destacamos que o recente histórico da área tem demonstrado certa fragilidade por parte dos profissionais de educação física.

Por fim, tratamos da relação entre educação física e cidadania. Primeiramente, expusemos que cidadania é um conjunto de direitos e deveres individuais e coletivos. Assim, ser cidadão é exercer o direito de ter direitos, ou seja, usufruir dos direitos da cidadania. Nesse sentido, a educação é um instrumento básico para o exercício da cidadania, pois favorece a humanização e auxilia o aluno em seu desenvolvimento como cidadão.

Atividades de autoavaliação

1. Levando em consideração as mudanças ocorridas na educação física nos últimos tempos, assinale a alternativa correta:
   I. Antes da década de 1980, as finalidades da educação física se voltavam para os próprios objetivos da área, ou seja, apenas para o desenvolvimento do corpo biológico.
   II. As mudanças ocorridas nas últimas décadas fizeram com que os objetivos e as finalidades da área se aproximassem dos objetivos educacionais, uma vez que se encontrou, na cultura humana, o conteúdo que direciona essa disciplina na escola.
   a) O item I está correto e o item II está incorreto.
   b) O item I está incorreto e o II está correto.
   c) Ambos estão corretos e o item II complementa o item I.
   d) Ambos estão incorretos.
   e) Ambos estão corretos, mas as ideias não apresentam ligação entre si.

2. O profissional de educação física deve intervir nas diferentes áreas de interesse do lazer, a fim de atender às demandas sociais e de atuar com a formação do sujeito para a prática do lazer. Sobre isso, é **incorreto** afirmar:
   a) Não compete ao profissional de educação física, na intervenção com o lazer, atuar somente como recreador.
   b) O profissional de educação física deve ter a condição de formar as pessoas para o lazer.
   c) Para o atendimento das demandas sociais, o profissional de educação física deve ter um amplo conhecimento a respeito do lazer, pois ele precisa ver para além do corpo biológico.

d) Por ser uma atividade de livre participação, o profissional deve apresentar as atividades e o sujeito optará por aquela que ele tenha condição física de realizar.
e) Trabalhar o lazer apenas como passatempo significa reduzir seu alcance e potencial.

3. Sobre o esporte, é correto afirmar:
    a) Judô, caminhada e ginástica de academia são exemplos de esporte formal.
    b) *Esportivização* é um termo genérico relativo à importância da criação de regras para as atividades.
    c) Prestígio social, mercantilização, profissionalização e esportivização são possíveis elementos que estenderam o conceito de *esporte* a praticamente qualquer atividade física.
    d) Esporte de rendimento, esporte espetáculo e esporte formal não se adéquam ao modelo de esporte profissional, no qual os benefícios externos são o meio e o fim de seu desenvolvimento.
    e) Na escola, o esporte deve ser explorado segundo os valores do esporte de rendimento.

4. Entre os principais problemas relativos à intervenção profissional na área da saúde, podemos apontar:
    i. frágil formação que dificulta a inserção nessa área, o que demanda a implementação de estratégias que estejam em consonância com os princípios para a atuação na área da saúde.
    ii. a eficiência do currículo de graduação em Educação Física, que atende à formação profissional para a atuação na área da saúde.

III. a concepção adotada para o conceito de *saúde*, na qual docentes e discentes associam frequentemente as práticas de atividade física e esportiva aos conceitos de *saúde* e *promoção da saúde*.

Agora, assinale a alternativa correta:

a) Somente as afirmativas I e II estão corretas.
b) Somente as afirmativas I e III estão corretas.
c) Somente as afirmativas II e III estão corretas.
d) As afirmativas I e II estão incorretas.
e) As afirmativas II e III estão incorretas.

5. Sobre a contribuição da educação física para a formação do cidadão, é **incorreto** afirmar:

a) É importante ter clareza sobre qual formação de cidadania se quer defender.
b) O profissional da área está sempre interferindo no processo de formação do cidadão – quando opina, debate, elogia e critica –, mas isso deve ser feito de maneira deliberada e pedagogicamente orientada.
c) A educação física deve assumir a responsabilidade de formar um cidadão capaz de se posicionar criticamente diante de novas formas da cultura corporal de movimento.
d) É papel da educação física introduzir, instrumentalizar e integrar o aluno na cultura corporal de movimento, formando o cidadão que vai produzi-la, reproduzi-la e transformá-la.
e) O papel da educação física é a preocupação com a formação esportiva, pois isso possibilita ao aluno assegurar seus direitos como cidadão.

Atividades de aprendizagem

Questões para reflexão

1. Faça uma análise comparativa do espaço de atuação do profissional de educação física antes e após a década de 1980.

2. Com relação às demandas da formação atual em educação física, que aspectos poderiam ser melhorados?

Atividade aplicada: prática

Elabore um roteiro de entrevista sobre a área de atuação do profissional de educação física e entreviste cinco professores/profissionais da área. Procure considerar os itens analisados neste capítulo e relacioná-los à formação e atuação desse profissional. Ao final, analise as respostas e procure perceber se a formação dos entrevistados foi suficiente para sua atuação em diferentes campos da área (saúde, cidadania, esportes, lazer e educação) ou se foram necessários outros cursos após a formação inicial para o desenvolvimento das atividades.

Capítulo 5

Demandas sociais e atuação profissional

Destacamos, no capítulo anterior, de que maneira a educação física se voltou ao desenvolvimento biopsicossocial e como essa mudança proporcionou a criação de um novo mercado de trabalho na área. Também mostramos que, a partir da década de 1980, o campo profissional se expandiu e novas práticas surgiram. Isso ocorreu, principalmente, em virtude da intensificação das preocupações com a saúde e a qualidade de vida, do surgimento de novas práticas de atividade física e dos novos focos de atividades de lazer.

Em 1998, foi criado o Conselho Federal de Educação Física (Confef) e a profissão foi regulamentada, estabelecendo-se a normatização que regula a atuação nesse campo de intervenção. A Resolução n. 46, de 18 de fevereiro de 2002, desse órgão dispõe sobre a intervenção do profissional de educação física e suas respectivas competências e define seus campos de atuação profissional:

> Art. 1º O Profissional de Educação Física é especialista em atividades físicas, nas suas diversas manifestações – ginásticas, exercícios físicos, desportos, jogos, lutas, capoeira, artes marciais, danças, atividades rítmicas, expressivas e acrobáticas, musculação, lazer, recreação, reabilitação, ergonomia, relaxamento corporal, ioga, exercícios compensatórios à atividade laboral e do cotidiano e outras práticas corporais –, tendo como propósito prestar serviços que favoreçam o desenvolvimento da educação e da saúde, contribuindo para a capacitação e/ou restabelecimento de níveis adequados de desempenho e condicionamento fisiocorporal dos seus beneficiários, visando à consecução do bem-estar e da qualidade de vida, da consciência, da expressão e estética do movimento, da prevenção de doenças, de acidentes, de problemas posturais, da compensação de distúrbios funcionais, contribuindo, ainda, para consecução da autonomia, da autoestima, da cooperação, da solidariedade, da integração, da cidadania, das relações sociais e a preservação do meio ambiente, observados os preceitos de responsabilidade, segurança, qualidade técnica e ética no atendimento individual e coletivo. (Confef, 2002)

Essa disposição ampliou o campo de atuação desse profissional, antes restrito à escola e aprendizagem esportiva. Considerando-se essa ampliação das atividades profissionais, a Resolução n. 46/2002 do Confef identificou os seguintes locais de atuação para o profissional de educação física:

> O Profissional de Educação Física atua como autônomo e/ou em Instituições e Órgãos Públicos e Privados de prestação de serviços em Atividade Física, Desportiva e/ou Recreativa e em quaisquer locais onde possam ser ministradas atividades físicas, tais como: Instituições de

> *Administração e Prática Desportiva, Instituições de Educação, Escolas, Empresas, Centros e Laboratórios de Pesquisa, Academias, Clubes, Associações Esportivas e/ou Recreativas, Hotéis, Centros de Recreação, Centros de Lazer, Condomínios, Centros de Estética, Clínicas, Instituições e Órgãos de Saúde, "SPAs", Centros de Saúde, Hospitais, Creches, Asilos, Circos, Centros de Treinamento Desportivo, Centros de Treinamento de Lutas, Centros de Treinamento de Artes Marciais, Grêmios Desportivos, Logradouros Públicos, Praças, Parques, na natureza e outros onde estiverem sendo aplicadas atividades físicas e/ou desportivas.* (Confef, 2002)

Tendo isso em vista, neste capítulo vamos analisar mais detidamente as relações da educação física com as diferentes demandas sociais que se avolumaram nessa nova fase vivida pela área.

5.1 Gestão e administração em educação física

Nas últimas décadas, a expansão do mercado de trabalho em educação física tem possibilitado o aumento dos espaços de intervenção desse profissional. Atualmente, o campo de atuação não se atém somente a ministrar aulas em espaços formais e não formais. Hoje, cabe ao profissional de educação física atuar também em atividades relacionadas à gestão e à administração, um espaço interdisciplinar que requer o domínio de conhecimentos novos e específicos, nem sempre trabalhados nos cursos de formação superior.

Perguntas & respostas

1. Qual é a diferença entre gestão e administração?
Em linhas gerais, podemos afirmar que administrar é o ato de planejar, gerir, organizar, dirigir e controlar processos e pessoas, com eficácia e eficiência, visando à consecução das metas e objetivos

de uma organização. Já a gestão é uma das áreas do processo de administração que está diretamente ligada a pessoas.

Em linhas gerais, a administração é racional e apresenta mais foco no processo (comando, controle, coordenação, direção, previsão e organização), enquanto a gestão é política e refere-se ao gerenciamento de pessoas que atuam na organização. Isso implica dizer que a gestão elimina o caráter meramente técnico da administração, que passa a assumir uma visão mais ampla, atendendo aos interesses materiais e humanos da instituição organizacional. Por esse motivo, empregaremos nesta obra o termo *gestão* como sinônimo de *administração de processos e pessoas*.

De acordo com o art. 10 do Estatuto do Confef (2010, grifo nosso):

> Art. 10 O Profissional de Educação Física intervém segundo propósitos de prevenção, promoção, proteção, manutenção e reabilitação da saúde, da formação cultural e da reeducação motora, do rendimento físico-esportivo, do lazer e da **gestão de empreendimentos relacionados às atividades físicas, recreativas e esportivas**.

Embora a educação física trabalhe com a gestão, segundo propõe o art. 10, geralmente não há essa abordagem nos cursos de Educação Física. Assim, normalmente, conteúdos como alianças estratégicas, análise SWOT, análise de valor, *benchmarking*, *break-even*, ciclo de vida do produto, cultura organizacional, excelência, *empowerment*, franquia, fidelização de clientes, liderança, *marketing mix*, motivação, pensamento estratégico, pensamento lateral, planejamento por cenários, qualidade total, sinergia, tipos de gestão e vantagem competitiva não são de domínio do profissional de educação física.

Tais conceitos geralmente não são trabalhados no curso, com exceção de alguns cursos de bacharelado que têm como área de aprofundamento a gestão esportiva do lazer ou do treinamento físico, por exemplo. Dsse modo, muitas vezes, a formação para a atuação na área de gestão fica a cargo dos cursos de pós-graduação *lato sensu* (especialização).

Ainda assim, a gestão de empreendimentos relacionados ao exercício físico (academias, clínicas, grupos de corrida, grupos de *crossfit*, *personal*), ao lazer (hotéis, clubes, associações, organização de eventos, animadores socioculturais) e ao esporte (prefeituras, clubes, terceiro setor, escolinhas, órgãos estatais) pode ter diferentes sentidos, uma vez que está relacionada a ambientes, públicos e finalidades específicos. Como exemplos, podemos citar empreendimentos relacionados ao turismo, projetos esportivos com investimentos públicos e privados, ambientes dotados de diferentes instalações e equipamentos para atendimento de população com dificuldade de locomoção e projetos sociais.

Importante!

A gestão e a administração em educação física podem ser entendidas como a aplicação dos princípios de gestão para planejar, organizar, desenvolver, dirigir e avaliar empreendimentos, grupos de pessoas e projetos voltados às atividades física, esportiva e de lazer, seja no âmbito público, seja no privado. Para tanto, são necessários conhecimentos, competências e habilidades que permitam ao profissional realizar tal função:

- **Conhecimentos**: O profissional da área precisa conhecer bem sua área de intervenção e ter conhecimentos de administração. Além disso, como as ações desenvolvidas em educação física estão relacionadas ao gerenciamento de recursos humanos, físicos e de capital e também por ser uma área de intervenção social direta, é importante que o profissional detenha conhecimentos legais e jurídicos básicos para o bom desempenho de suas funções.

- **Competências:** As competências permitem que o profissional planeje estrategicamente, com base nos conhecimentos adquiridos, as ações a serem realizadas, antecipando problemas e tomando decisões rápidas nas ações que envolvam grupos, pessoas ou interesses, visando sempre ao bem comum e ao bom funcionamento da organização.
- **Habilidades:** Há três habilidades importantes para o bom desempenho do profissional de educação física: habilidade de negociação e captação de recursos, habilidade para gerenciar críticas e utilizá-las em benefício do empreendimento e habilidade de motivar e supervisionar equipes de trabalho e pessoas.

Diante disso, as necessidades formativas que se apresentam ao profissional que escolhe esse campo de atuação vão além dos conhecimentos da formação. Isso implica afirmar que a busca pela formação continuada é que dará suporte à intervenção em gestão por parte do profissional, uma vez que essa temática é pouco explorada nos cursos de Educação Física. Além disso, esse é um campo de atuação bastante promissor e carente de profissionais com formação necessária à atuação. É válido ressaltar que o conhecimento profissional nessa área, muitas vezes, é construído a um preço muito alto, visto que pode ocorrer pela via do senso comum, o que pode induzir ao erro e, consequentemente, acarretar prejuízo ao empreendimento.

ⅲ *Indicações culturais*

Artigos

Para ampliar seus conhecimentos sobre gestão na educação física, sugerimos os textos indicados a seguir.

BASTOS, F. da C. Administração esportiva: área de estudo, pesquisa e perspectivas no Brasil. **Motrivivência**, n. 20-21, p. 295-306, 2003. Disponível em: <https://periodicos.ufsc.br/index.php/motrivivencia/article/view/930/723>. Acesso em: 20 out. 2017.

ROCHA, C. M. da; BASTOS, F. da C. Gestão do esporte: definindo a área. **Revista Brasileira de Educação Física e Esporte**, São Paulo, v. 25, p. 91-103, dez. 2011. Disponível em: <http://www.revistas.usp.br/rbefe/article/view/16846>. Acesso em: 20 out. 2017.

5.2 Educação

De acordo com o art. 62 da Lei n. 9.394, de 20 de dezembro de 1996 – Lei de Diretrizes e Bases da Educação Nacional,

> Art. 62. *A formação de docentes para atuar na educação básica far-se-á em nível superior, em* **curso de licenciatura plena**, *admitida, como formação mínima para o exercício do magistério na educação infantil e nos cinco primeiros anos do ensino fundamental, a oferecida em nível médio, na modalidade normal.* (Brasil, 1996, grifo nosso)

Diante disso, é prerrogativa apenas dos profissionais formados em cursos de licenciatura a atuação nas escolas das redes pública e privada. Assim, essa modalidade de curso deve privilegiar a formação inicial de professores aptos a desenvolver programas de educação física escolar no ensino infantil, fundamental e médio, na educação de jovens e adultos (EJA), na educação especial, na educação profissional, na educação indígena, na educação quilombola e nas áreas de assentamento, visando ao desenvolvimento das competências exigidas no processo de ensino e aprendizagem e de atitudes e habilidades que conduzam à cidadania crítica e à autonomia no usufruto da cultura corporal de movimento.

A intervenção do profissional de educação física na área escolar é bastante ampla, visto que, até 2013, o Brasil tinha mais de 50 milhões de crianças e jovens matriculados só na educação básica, conforme mostra a Tabela 5.1.

Tabela 5.1 Número de matrículas na educação básica em 2013

Matrículas de educação básica por modalidade e etapa de ensino

Dependência administrativa	Total geral	Ensino regular							Educação profissional (concomitante e subsequente)	Educação de jovens e adultos		Educação especial	
		Educação infantil		Ensino fundamental			Ensino médio			Fundamental	Médio	Classes especiais e escolas exclusivas	Classes comuns (alunos incluídos)
		Creche	Pré-escola	Total	Anos iniciais	Anos finais							
Total	50.042.448	2.730.119	4.860.481	29.069.281	15.764.926	13.304.355	8.312.815		1.102.661	2.447.792	1.324.878	194.421	648.921
Federal	290.796	1.254	1.370	24.017	7.134	16.883	138.194		110.670	905	13.606	780	1.361
Estadual	17.926.568	4.909	50.111	8.516.086	2.416.229	6.099.857	7.046.953		307.491	812.539	1.168.925	19.554	213.726
Municipal	23.215.052	1.724.714	3.591.750	16.154.337	10.764.674	5.389.663	62.629		19.392	1.587.609	40.3283	4.293	394.752
Privada	8.610.032	999.242	1.217.250	4.374.841	2.576.889	1.797.952	1.065.039		665.108	46.739	102.019	139.794	39.082

Fonte: Adaptado de Inep, 2014, p. 14.

Desse número expressivo da população brasileira, cerca de 80% são atendidos pelo Poder Público em escolas estaduais, municipais e federais, sendo neste último caso em menor número. Destaca-se, ainda, que aproximadamente 37 milhões (75%) dessa demanda está matriculada no nível fundamental e médio, o que pressupõe também a existência de maior campo de intervenção para o profissional da área escolar.

A Tabela 5.2 indica que, em 2013, a demanda específica para o ensino fundamental era atendida em mais de 100 mil escolas da rede pública, distribuídas pelas diferentes regiões do país, sendo que quase 50% das escolas do país estão situadas no Nordeste.

Tabela 5.2 Número de escolas e matrículas no ensino fundamental em 2013 (rede pública)

Região geográfica	Escolas						Matrícula					
	Total	Recurso disponível (%)					Total	Recurso disponível na escola (%)				
		Biblioteca ou sala de leitura	Acesso à internet	Laboratório de informática	Dep. e vias adequadas a alunos com deficiência ou mobilidade reduzida	Quadra de esportes		Biblioteca ou sala de leitura	Acesso à internet	Laboratório de informática	Dep. e vias adequadas a alunos com deficiência ou mobilidade reduzida	Quadra de esportes
Brasil	118.914	43,9	47,6	50,3	19,4	32,1	24.694.440	75,7	82,3	80,6	36,8	61,4
Norte	19.568	24,5	22,1	26,3	9,0	14,0	2.951.996	64,2	62,9	65,5	27,4	44,7
Nordeste	52.150	27,1	29,5	36,2	13,2	12,7	7.456.778	60,0	66,5	68,8	31,8	32,6
Sudeste	27.450	69,7	75,7	72,7	27,2	60,4	9.144.713	86,9	94,0	88,7	36,9	80,9
Sul	13.959	76,3	82,2	80,4	33,7	66,1	3.321.009	90,7	96,2	93,3	47,7	83,2
Centro-Oeste	5.787	61,5	80,2	78,7	39,6	52,8	1.819.944	75,6	93,9	90,1	52,5	68,5

Fonte: Adaptado de Inep, 2014, p.34.

A rede privada representa quase 20% do total de escolas desse nível de ensino, sendo que aproximadamente 50% delas estão localizadas na Região Sudeste do país, como mostra a Tabela 5.3.

Tabela 5.3 Número de escolas e matrículas no ensino fundamental em 2013 (rede privada)

Região geográfica	Escolas						Matrícula					
	Total	Recurso disponível (%)					Total	Recurso disponível na escola (%)				
		Biblioteca ou sala de leitura	Acesso à internet	Laboratório de informática	Dep. e vias adequadas a alunos com deficiência ou mobilidade reduzida	Quadra de esportes		Biblioteca ou sala de leitura	Acesso à internet	Laboratório de informática	Dep. e vias adequadas a alunos com deficiência ou mobilidade reduzida	Quadra de esportes
Brasil	22.346	84,4	92,0	57,1	34,4	57,2	4.374.841	90,7	96,8	75,6	44,3	77,7
Norte	1.180	80,4	90,7	46,9	40,3	54,2	243.065	89,9	97,3	66,5	57,1	76,7
Nordeste	8.483	82,9	86,5	39,6	35,1	37,2	1.371.060	90,7	94,4	61,2	48,1	61,2
Sudeste	9.469	82,5	95,1	68,0	23,4	68,6	1.982.713	87,8	97,3	82,6	29,1	84,2
Sul	1.646	97,4	99,0	80,0	59,2	86,1	423.340	99,1	99,5	90,0	70,1	94,6
Centro-Oeste	1.568	94,1	96,9	69,4	66,0	69,1	354.663	97,2	99,1	81,5	75,2	85,5

Fonte: Adaptado de Inep, 2014, p.34.

O número de escolas de ensino médio é bastante inferior ao número referente ao ensino fundamental, totalizando menos de 20% desse nível de ensino. É válido ressaltar que, no ensino médio da rede pública, a Região Sudeste apresenta o maior número de escolas, superando a Região Nordeste em quase 20% (Tabela 5.4). Essa realidade é ampliada quando se consideram para os dados das escolas da rede particular, em que esse número ultrapassa 50% (Tabela 5.5).

Tabela 5.4 Número de escolas e matrículas no ensino médio em 2013 (rede pública)

Região geográfica	Escolas						Matrícula					
	Total	Recurso disponível (%)					Total	Recurso disponível na escola (%)				
		Biblioteca ou sala de leitura	Acesso à internet	Laboratório de informática	Dep. e vias adequadas a alunos com deficiência ou mobilidade reduzida	Quadra de esportes		Biblioteca ou sala de leitura	Acesso à internet	Laboratório de informática	Dep. e vias adequadas a alunos com deficiência ou mobilidade reduzida	Quadra de esportes
Brasil	19.400	87,7	93,2	91,5	39,4	75,5	7.247.776	92,2	96,4	95,3	43,4	82,2
Norte	1.718	80,6	80,4	78,2	31,0	65,5	718.700	90,3	93,0	89,7	38,4	79,5
Nordeste	4.997	79,4	87,8	88,0	39,2	52,9	2.054.318	87,0	94,5	93,4	44,9	63,3
Sudeste	7.803	92,0	96,4	93,8	37,5	87,1	2.934.798	94,8	97,2	96,6	38,9	92,5
Sul	3.394	96,3	98,9	97,4	44,1	88,5	1.002.207	98,2	99,4	98,7	50,0	92,9
Centro-Oeste	1.488	81,0	96,0	92,7	48,9	72,8	537.753	89,6	98,4	96,3	56,8	82,0

Fonte: Adaptado de Inep, 2014, p.34.

Tabela 5.5 Número de escolas e matrículas no ensino médio em 2013 (rede privada)

Região geográfica	Escolas						Matrícula					
	Total	Recurso disponível (%)					Total	Recurso disponível na escola (%)				
		Biblioteca ou Sala de leitura	Acesso à internet	Laboratório de informática	Dep. e vias adequadas a alunos com deficiência ou mobilidade reduzida	Quadra de esportes		Biblioteca ou Sala de leitura	Acesso à internet	Laboratório de informática	Dep. e vias adequadas a alunos com deficiência ou mobilidade reduzida	Quadra de esportes
Brasil	8.050	93,2	98,1	80,3	44,7	80,9	1.065.039	94,3	98,8	83,5	52,5	84,1
Norte	376	93,1	94,7	72,6	56,9	75,3	59.789	91,1	97,8	75,8	65,8	78,7
Nordeste	1.903	95,7	97,1	72,8	55,5	73,5	256.942	97,5	98,7	80,5	66,5	81,5
Sudeste	4.170	89,8	98,4	82,1	27,6	82,7	511.703	90,7	98,5	84,7	32,5	84,5
Sul	970	99,8	99,5	89,3	72,0	87,6	144.670	99,9	99,8	90,5	75,9	86,4
Centro-Oeste	631	97,9	99,0	81,5	75,0	84,3	91.935	98,9	99,7	79,4	78,8	88,9

Fonte: Adaptado de Inep, 2014, p.35.

É nesse contexto que se estrutura o imenso campo de intervenção do profissional de educação física. Para o atendimento dessa demanda, nas últimas décadas, tem sido apresentada uma série de documentos legais que servem como diretrizes e parâmetros para o desenvolvimento das aulas de Educação Física, como os Referenciais Curriculares Nacionais para a Educação Infantil (RCNEI) e os Parâmetros Curriculares Nacionais (PCN) para o ensino fundamental e médio. Esses documentos auxiliaram os estados e municípios na elaboração de seus currículos oficiais. No caso da Educação Física, a base para a elaboração desses documentos foram as discussões que aconteceram nas décadas de 1980 e 1990 em torno das finalidades e objetivos da disciplina.

Atualmente, é possível identificar, nos currículos dos estados da Federação, diversas propostas e interpretações a respeito das finalidades e objetivos da Educação Física para cada nível de ensino, embora existam consensos e aproximações entre eles. Alguns exemplos de documentos são: *Lições do Rio Grande* (Rio Grande do Sul); *Livro Didático Público de Educação Física* (Paraná); *Proposta Curricular do Estado de São Paulo: Educação Física* (São Paulo); *Proposta Curricular de Educação Física* (Amazonas); *Currículo Básico Comum* (Minas Gerais); *Currículo básico escola estadual: guia de implementação* (Espírito Santo); *Base Curricular Comum para as Redes Públicas de Ensino de Pernambuco – Educação Física* (Pernambuco); entre outros.

Nesse novo contexto que se apresenta para a Educação Física, a relação professor-aluno-conteúdo, como bem lembram Betti e Zuliani (2009, p. 75), deve assumir o papel de

> introduzir e integrar o aluno na cultura corporal de movimento, formando o cidadão que vai produzi-la, reproduzi-la e transformá-la, instrumentalizando-o para usufruir do jogo, do esporte, das atividades rítmicas e dança, das ginásticas e práticas de aptidão física, em benefício da qualidade da vida.

Ainda segundo os autores, essa integração não seria apenas motora, mas também afetiva, social e cognitiva.

Com relação ao mercado de trabalho em educação física na escola, o que temos percebido é um ambiente cada vez mais exigente em termos de qualificação profissional. Tal qualificação não se atém somente ao domínio dos conteúdos referentes às modalidades esportivas, em especial ao chamado *quadrado mágico* ou *quarteto fantástico*, que se refere às quatro modalidades esportivas mais populares e tradicionalmente praticadas no ambiente escolar: handebol, voleibol, basquete e futebol. Outro aspecto que tem se tornado evidente é que os saberes necessários ao profissional não se resumem aos conhecimentos cientificamente elaborados; estendem-se também aos construídos na vida profissional e pessoal.

Portanto, o mercado de trabalho está atento ao profissional que tem competências que abrangem diferentes dimensões da atuação profissional, referentes ao comprometimento com valores estéticos, éticos e políticos; à compreensão do papel social da escola, ao domínio dos conteúdos, de seus significados em diferentes contextos e de sua articulação; ao domínio do conhecimento pedagógico; ao conhecimento de processos de investigação; e ao gerenciamento do próprio desenvolvimento profissional.

Indicações culturais

Para aprofundar seus conhecimentos a respeito dos conteúdos tratados na escola, das finalidades da educação física escolar e da forma como tem sido apresentada no currículo dos estados, sugerimos a leitura dos textos indicados a seguir.

Artigos

BETTI, M.; ZULIANI, L. R. Educação física escolar: uma proposta de diretrizes pedagógicas. **Revista Mackenzie de Educação Física e Esporte**, v. 1, n. 1, p. 73-81, 2009. Disponível em: <http://editora revistas.mackenzie.br/index.php/remef/article/view/1363/1065>. Acesso em: 20 out. 2017.

TENÓRIO, K. M. R. et al. Propostas curriculares estaduais para educação física: uma análise do binômio intencionalidade-avaliação. **Motriz**, Rio Claro, v. 18, n. 3, p. 542-556, jul./set. 2012. Disponível em: <http://www.scielo.br/pdf/motriz/v18n3/a15v18n3.pdf>. Acesso em: 20 out. 2017.

Documento

INEP – Instituto Nacional de Estudos e Pesquisas Educacionais Anísio Teixeira. **Censo Escolar da Educação Básica 2013**: resumo técnico. Brasília, 2014. Disponível em: <http://download.inep.gov.br/edu cacao_basica/censo_escolar/resumos_tecnicos/resumo_tecnico_ censo_educacao_basica_2013.pdf>. Acesso em: 20 out. 2017.

5.3 Saúde

Como mencionado anteriormente, há uma tendência hegemônica no campo da saúde para a educação física. Essa tendência é reforçada, em especial, pela mídia e pelo mercado que se constituiu em relação ao corpo, que contribuem para a proliferação do discurso de padrão corporal associado ao estilo e à qualidade de vida. O que chama atenção é a concepção de saúde envolvida nessas propostas, que nem sempre a promovem realmente. É preciso tomar cuidado com essa associação, uma vez que o exercício físico pode contribuir para a saúde, mas não é o único responsável por ela. Se partirmos do pressuposto de que a saúde se refere ao completo bem-estar, devemos atentar para a necessidade de trabalhos que extrapolem o exercício físico e também atendam às dimensões mental e social.

Os dados mencionados no texto, apresentados pelo Confef, ajudam a dimensionar a imensa procura pelo exercício físico, o que transformou as atividades das academias e os exercícios sistematizados (prática de esportes, exercícios com *personal*, grupos de corrida, entre outros) em um mercado promissor para a educação física.

Atendendo a outros setores da saúde, destacam-se as atividades de lazer e entretenimento – outro espaço de atuação promissor, conforme observado anteriormente. Um exemplo disso são as atividades de turismo de aventura (escalada, trilha, canoagem, rapel, *rafting*, boia *cross*, arvorismo etc.), cujo objetivo não está relacionado ao condicionamento físico, à hipertrofia ou à *performance*, mas ao bem-estar mental, uma vez que se relacionam com a satisfação pessoal, o prazer promovido pela atividade.

Gráfico 5.1 Principais atividades de turismo de aventura praticadas no Brasil

Atividade	%
Caminhada	22,1%
Cavalgada	10,3
Cicloturismo	8,6%
Montanhismo	7,7
Técnicas verticais	6,9%
Escalada	6,7%
Mergulho	6,2
Rafting	5,9%
Canoagem	4,5%
Turismo fora da estrada	4,3%
Espeleoturismo	4,2%
Boia-cross	4,1%
Arvorismo	3,9%
Canionismo	3,3%
Voo livre	1,3%

Fonte: Sebrae, 2015, p. 3.

Ainda de acordo com o Sebrae (2015), o Brasil presta mais de 5,5 milhões de atendimentos nessas atividades, que envolvem cerca de 15 mil colaboradores em temporadas normais e mais de 22 mil em alta temporada, distribuídos em mais de 3 mil empresas do ramo. É o terceiro país do mundo em número de adeptos dessa categoria, ficando atrás apenas dos Estados Unidos e da Argentina.

É preciso destacar também que a crescente tendência de realização de atividade física no horário e no ambiente de trabalho tem despertado o interesse de profissionais da educação física em oferecer esse tipo de atendimento voltado à saúde. Segundo levantamento da Gerência de Lazer do Sesi – Serviço Social da Indústria (2004, citado por Lima; Reis; Moro, 2017.), aproximadamente 1.304 empresas ofereciam, em 2004, programas de atividades físicas para seus funcionários, atendendo cerca de 554,8 mil trabalhadores. Naquele momento, a expectativa gerada era que, com o aperfeiçoamento e a ampliação dos programas existentes, esses números pudessem se expandir rapidamente.

A chamada *ginástica laboral* é constituída por uma série de exercícios realizados antes, durante ou após o trabalho, com o objetivo de evitar lesões, distúrbios e afecções causadas por esforço repetitivo e contribuir para a criação de um estilo de vida ativo, assim como para a socialização por meio da prática lúdica da atividade física. Para não provocar sobrecarga nos trabalhadores, as atividades realizadas são de baixo impacto, ou seja, trata-se de atividades preventivas. Esse é um trabalho específico que exige profundos conhecimentos de ergonomia para que o ambiente de trabalho não seja transformado em uma academia. Pontualidade, responsabilidade, facilidade na comunicação, extroversão e relacionamento interpessoal constituem o perfil desse profissional.

Por fim, há a contribuição da educação física nas equipes multidisciplinares atuantes na atenção básica à saúde. Essa mudança, ocorrida em 2008, foi impulsionada pela Política Nacional de Promoção à Saúde (Brasil, 2006), que concedeu à área de educação física a possibilidade de contribuir com a saúde individual e coletiva. Esse novo campo propõe um desafio para a área: formar profissionais capacitados para o atendimento à atenção básica primária (Unidades Básicas de Saúde – UBSs, também conhecidas como *postos de saúde*), secundária (Unidades de Pronto Atendimento – UPAs, hospitais e unidades de atendimento especializado ou de média complexidade) e terciária (hospitais de grande porte ou de alta complexidade). Em linhas gerais, trata-se da atuação específica voltada, em geral, à reabilitação de aspectos físicos, mentais ou sociais. Por ser uma área muito recente, as produções científicas a esse respeito se encontram em construção e são escassas, ainda que a comunidade de pesquisadores esteja empenhando esforços para produzir pesquisas sobre o assunto.

Embora todas essas áreas estejam ligadas à saúde, engana-se o profissional que entende que os objetivos, as abordagens e as atividades são comuns a todas as situações contempladas. A especificidade de cada atendimento é a marca do trato com a saúde. Diante disso, o profissional deve atentar para o perfil da demanda, a fim de proporcionar um atendimento de qualidade e com responsabilidade, visto que a intervenção está diretamente relacionada às finalidades sociais.

⃫ Indicações culturais

Artigos

Para você aprofundar seus conhecimentos sobre a vinculação histórica da educação física com a saúde, indicamos a seguir alguns textos para leitura.

GUALANO, B.; TINUCCI, T. Sedentarismo, exercício físico e doenças crônicas. **Revista Brasileira de Educação Física e Esporte**, São Paulo, v. 25, p. 37-43, dez. 2011. Disponível em: <http://www.revistas.usp.br/rbefe/article/view/16841/18554>. Acesso em: 20 out. 2017.

LIMA, I. A. X.; REIS, P. F.; MORO, A. R. P. **Um panorama da ginástica laboral no Brasil**. Disponível em: <http://www.educadores.diaadia.pr.gov.br/arquivos/File/2010/artigos_teses/EDUCACAO_FISICA/artigos/ginastic.laboral.pdf>. Acesso em: 20 out. 2017.

SCHUH, L. X. et al. A inserção do profissional de educação física nas equipes multiprofissionais da estratégia saúde da família. **Saúde (Santa Maria)**, Santa Maria, v. 41, n. 1, p. 29-36, jan./jul. 2015. Disponível em: <https://periodicos.ufsm.br/revistasaude/article/viewFile/10514/pdf>. Acesso em: 20 out. 2017.

5.4 Treinamento

O desenvolvimento de capacidades físicas e a aprendizagem motora sempre foram marcas registradas da educação física no Brasil. Utilizando-se de modelos ginásticos ou do esporte, o treinamento do corpo biológico ainda ocupa espaço significativo no mercado de trabalho da área. Acompanhando essa tendência, os cursos de formação de profissionais carregam a marca dessa trajetória e dedicam boa parte de sua carga horária a essa finalidade.

As preocupações associadas ao corpo, à saúde e ao exercício físico têm possibilitado a disseminação de um novo conceito, o mercado do corpo, que tem a intenção de homogeneizar os corpos. Essa categoria transita entre o mercado do exercício físico, o da comercialização de produtos e o das cirurgias com objetivos voltados à estética – acobertada pelo jargão da busca por saúde.

É um mercado exigente e concorrido, voltado à avaliação, à prescrição e ao controle do exercício físico. No campo da educação física, tais ações são fundamentadas em princípios científicos e respeitam a individualidade, os objetivos e as limitações dos participantes, visando ao melhor desenvolvimento e ao propósito de se evitarem possíveis lesões. Para tanto, são realizadas avaliações periódicas para medir a intensidade e a duração do esforço realizado, bem como para prescrever a frequência semanal necessária e a atividade ideal para o desenvolvimento pretendido.

5.4.1 Academias de ginástica

As academias de ginástica, também conhecidas popularmente como *fitness*, integram o segmento do mercado do corpo e atuam no atendimento a objetivos variados: estética, entretenimento, relacionamento social, saúde, reabilitação física, tratamento pós-cirúrgico e recomendação médica. Trata-se de um mercado em crescente desenvolvimento.

De acordo com Bertão (2016), o Brasil está em segundo lugar no *ranking* mundial de academias, contando com cerca de 32 mil unidades espalhadas pelo país e 8 milhões de usuários. Comparando-se esses dados com os apresentados por DaCosta em 2006, o número de academias aumentou em 12 mil, enquanto o número de praticantes passou do dobro (eram 3,4 milhões). Como é possível perceber, os dados mostram que o interesse pela prática tem crescido e ampliado o espaço de intervenção profissional.

Outra marca desse mercado é a forma de contrato dos trabalhadores. Embora muitos prestem serviço a entidades privadas e órgãos públicos, grande parcela desses profissionais são autônomos. Isso implica dizer que, ainda que possam ser bem remunerados, esses profissionais não têm contrato de trabalho e carteira assinada, ou seja, alguns direitos trabalhistas não são garantidos, como aposentadoria, 13º salário e férias – a não ser que o profissional seja autônomo e disponibilize parte de seus rendimentos mensais para os devidos depósitos e contribuições.

5.4.2 Treinamento esportivo

Tão popular quanto a ginástica realizada na academia, o treinamento esportivo ou esporte de rendimento é igualmente um campo de intervenção bastante concorrido entre profissionais de educação física. Geralmente vinculado a órgãos governamentais, clubes, entidades privadas, escolas, universidades, Sistema "S" (Sesi e Sesc), federações e confederações, o treinamento esportivo também é um mercado exigente e concorrido.

Podemos dividir esse campo de intervenção profissional basicamente em três categorias:

- atuação na gestão, administração e organização do esporte de rendimento no país;
- atuação na organização do esporte de rendimento em clubes, associações, prefeituras e organizações não governamentais (ONGs);
- intervenção com as equipes de treinamento, na relação direta com atletas.

Embora se trate de um campo de intervenção sempre em evidência, a maioria dos praticantes opta pelas modalidades tradicionais: handebol, vôlei, basquete, futebol e atletismo. A prática desses esportes é mais popular em razão do alcance social que eles têm, visto que estão frequentemente inseridos na mídia e apresentam relação com a tradição escolar.

Contudo, há também outro fato que contribui para esse quadro: a falta de uma política nacional para o esporte que incentive e propicie a equidade de investimento no esporte de rendimento. Em outra palavras, é necessário que haja divulgação e investimento também em outras modalidades.

Quando o Brasil foi eleito para ser sede da Copa do Mundo de 2014 e das Olimpíadas de 2016 (esta última sediada pelo Rio de Janeiro), criou-se uma expectativa de que a organização do esporte seria um dos legados deixados. Apesar de esses eventos terem aberto campos de discussão, não se estabeleceram políticas claras para o investimento no esporte formal. Assim, os papéis e as obrigações do Poder Público, das federações e das confederações, da escola e de outras entidades envolvidas com o esporte permanecem indefinidos.

5.5 Políticas públicas

Políticas públicas são o conjunto de programas, iniciativas, decisões e ações constituído diante de situações problemáticas. Essas medidas são definidas pelo governo (federal, estadual e municipal), com a participação direta ou indireta da sociedade, e visam assegurar direitos previstos na Constituição.

As ações ligadas ao esporte, ao lazer, à educação e à saúde fazem parte das políticas públicas e influenciam diretamente o campo de intervenção profissional da educação física, visto que possibilitam a ampliação dos espaços de atuação.

Após a promulgação da Constituição Federal de 1988 (Brasil, 1988), as temáticas *lazer, esporte, educação* e *saúde* alçaram à categoria de direito social. Embora informalmente já se referissem a direitos, a nova carta legal deixou explícito o compromisso dos governos federal, estaduais e municipais com a criação de políticas públicas que atendam a essa demanda, de modo a possibilitar a criação de leis e procedimentos que operacionalizem os dispositivos legais, promovendo implicações diretas para a educação física.

Tendo isso em vista, destacaremos os diferentes agentes que participam da elaboração das políticas públicas e os interesses a que se destinam. Ainda que o fator político seja determinante na constituição das políticas públicas, Rua (1998) assinala a participação de duas categorias que as constituem: pública e privada. Entre os atores públicos, podemos citar os funcionários de carreira dos governos e os políticos que assumem mandatos eletivos; como atores privados, podemos mencionar indivíduos que representam interesses particulares, como empresários, ou de algum segmento social. Para o autor, os atores privados são, sem sombra de dúvida,

> dotados de grande capacidade de influir nas políticas públicas, já que são capazes de afetar a economia do país: controlam as atividades de produção, parcelas do mercado e a oferta de empregos. Os empresários podem se manifestar como atores individuais isolados ou como atores coletivos. (Rua, 1998, p. 5)

Existem também grupos societários e movimentos sociais, com menor poder de influência, que se unem em torno de causas específicas. Nesse caso, as políticas públicas são criadas com a participação popular (consulta pública), objetivando transparecer a democratização na tomada de decisão dos governantes. Um exemplo: no contexto atual, estamos passando pela aprovação da Base Nacional Comum Curricular para a Educação Básica

(BNCC). Para que a população pudesse opinar e houvesse uma nova discussão sobre a proposta, foi disponibilizada uma versão preliminar da BNCC. Diante disso, como é possível perceber, uma das formas de participação na elaboração de políticas públicas é o envolvimento em discussões, consultas públicas e nos espaços de participação digital, em que é possível opinar com liberdade sobre temas de interesse público. Assim, tanto o fator político quanto o teórico/ideológico são determinantes para as tomadas de decisão.

Por outro lado, temos visto muitas políticas públicas que envolvem principalmente o esporte, as danças, as ginásticas e as lutas serem apresentadas como programas sociais, embora sejam projetos com finalidade única de democratização dos espaços e das práticas voltadas à educação física. Daí decorrem implicações variadas, como a falta de uma política específica para o esporte de rendimento, outra para o esporte de participação e outra para o esporte escolar, uma vez que muitas são apresentadas como políticas assistencialistas, desprovidas da finalidade primeira: o esporte.

Para o profissional de educação física, a intervenção nas políticas públicas pode ocorrer em três instâncias:

- **Atuação primária**: Refere-se ao envolvimento nas discussões e criações de políticas públicas (municipais, estaduais ou federais), seja como funcionário da administração direta, em cargo ou função eletiva, seja como membro da sociedade civil ou participante de movimentos sociais. Trata-se de uma atuação de função primordial para a área, uma vez que a criação de programas e projetos gera espaços de intervenção, ampliando o mercado de trabalho.

- **Atuação secundária:** Diz respeito à gestão de programas e projetos destinados ao atendimento de dada política pública em determinada área, como a esportiva (esporte escolar, de rendimento ou de participação), do lazer ou da saúde.
- **Atuação terciária:** Envolve a atuação direta com a intervenção nos programas e projetos vinculados aos órgãos da administração direta.

Para essas diferentes formas de atuação, o profissional deve ter determinados conhecimentos. Por exemplo, na atuação primária, o domínio dos conhecimentos relativos à dimensão política é bastante importante, principalmente porque estão ligados ao posicionamento ideológico que direcionará a elaboração dos programas políticos (A quem se destina? A quem interessam os resultados? Quais são os reais objetivos do programa? Qual é o retorno esperado?). Para a atuação secundária, são necessários também os conhecimentos de administração e de gestão de processos e pessoas. Na atuação terciária, cabe ao profissional o conhecimento aprofundado do programa ou projeto em que atua, bem como a vinculação deste à política pública específica. Tais pontos direcionam a intervenção do profissional, uma vez que ali estão implícitos os fundamentos gerais do programa em que ele se insere.

É válido destacar que, quanto aos conhecimentos necessários à intervenção no campo das políticas públicas, os cursos de formação inicial de professores têm se preocupado, quase em sua totalidade, com o atendimento terciário. São poucos os cursos que apresentam currículos que priorizem a constituição de um perfil de egresso voltado à área de políticas públicas de esporte e lazer, por exemplo.

Embora a dimensão política esteja citada somente na atuação primária, ela está presente nas demais formas de atuação, visto que em todas elas há caminhos a serem seguidos e escolhas a serem feitas – o que pressupõe direcionamentos políticos.

Portanto, podemos notar que o perfil profissional para a atuação nas políticas públicas envolve saberes específicos de educação física, política, administração e gestão. Assim, é necessário aos estudantes interessados no assunto o direcionamento teórico e prático para essa área de atuação.

Indicações culturais

Artigo

Para saber mais sobre as políticas públicas de esporte e lazer no Brasil, sugerimos a leitura do seguinte artigo

AMARAL, S. C. F.; RIBEIRO, O. C. F.; SILVA, D. S. Produção científico-acadêmica em políticas públicas de esporte e lazer no Brasil. **Motrivivência**, v. 26, n. 42, p. 27-40, 2014. Disponível em: <https://periodicos.ufsc.br/index.php/motrivivencia/article/view/32670>. Acesso em: 20 out. 2017.

Síntese

Ao longo deste capítulo, procuramos analisar criticamente as relações entre a educação física e as demandas sociais que se avolumaram no mercado de trabalho da área.

Primeiramente, tratamos da relação entre educação física e gestão e administração, pois esta não é muito explorada nos cursos da área. A gestão e a administração em educação física podem ser entendidas como a aplicação dos princípios de gestão para planejar, organizar, desenvolver, dirigir e avaliar empreendimentos, grupos de pessoas e projetos voltados à atividade física, esportiva e de lazer, seja no âmbito público, seja no privado.

Em seguida, examinamos qual é a demanda do profissional de educação física no âmbito educacional e quais competências são exigidas desse profissional. Nesse sentido, salientamos a importância da formação continuada para o profissional e das práticas pedagógicas.

Na sequência, retomamos a complexa questão da educação física associada à saúde. No entanto, diferentemente do que apresentamos nos demais capítulos sobre o tema, abordamos a ampliação das possibilidades de atuação na área, como no caso das atividades de turismo de aventura, que também estão relacionadas ao lazer e ao bem-estar mental; da ginástica laboral, que visa evitar lesões, distúrbios e afecções causados por esforço repetitivo no ambiente de trabalho; e das atividades relacionadas à atenção básica à saúde, que são voltadas à reabilitação de aspectos físicos, mentais e sociais. A especificidade de cada atendimento é a marca do trato com a saúde. O profissional deve atentar para o perfil da demanda para possibilitar a oferta de um atendimento de qualidade e com responsabilidade.

Ainda no âmbito dessa temática, abordamos o conceito de *mercado do corpo*, que é um setor voltado principalmente à estética, mas que retoma o jargão da busca por saúde. Trata-se de um setor que acaba reforçando padrões de beleza, pois visa homogeneizar os corpos e incentiva a indústria dos produtos e cirurgias estéticos.

A partir dessa conceituação, analisamos a área de treinamento, que engloba os treinamentos ginásticos e esportivos, bastante procurados para atender às exigências desse mercado. O treinamento ginástico pressupõe a escolha da atividade que mais se adéqua ao objetivo do cliente e a realização de avaliações periódicas para medir a intensidade, a duração do esforço e a frequência semanal necessária. Já o treinamento esportivo se distribui nas poucas e tradicionais modalidades praticadas no Brasil, como handebol, vôlei, basquete, futebol e atletismo.

Por fim, apresentamos a relação da área de educação física com as políticas públicas. Esclarecemos que política pública é um conjunto de programas, iniciativas, decisões e ações para solucionar situações problemáticas. Também mencionamos os conhecimentos necessários para a atuação nessa área, entre os quais se destacam os de política e de administração e gestão.

Atividades de autoavaliação

1. O profissional de educação física deve ter o domínio de um rol específico de conhecimentos para intervir na área de gestão e administração de eventos e espaços. Com relação ao perfil desse profissional, é **incorreto** afirmar que ele necessita de:
   a) grande conhecimento em educação física e administração.
   b) competência para gerenciar recursos humanos, físicos e de capital – o que também exige conhecimentos legais e jurídicos básicos para o bom desempenho dessa função.
   c) ter conhecimentos de planejamento estratégico e de gerenciamento de ambientes e pessoas.

d) habilidade de negociação e captação de recursos; habilidade para gerenciar críticas e utilizá-las em benefício da melhoria do empreendimento; habilidade de motivar e supervisionar equipes de trabalho e pessoas.

e) amplo conhecimento sobre treinamento físico e esportivo e gerenciamento de pessoas.

2. Além dos conhecimentos cientificamente elaborados, são exigidos do professor de Educação Física outras competências que vão além dos conhecimentos da área. Nesse sentido, integram o rol de conhecimentos e competências do professor de Educação Física:

   I. comprometimento com valores estéticos, éticos e políticos.
   II. compreensão do papel social da escola, do domínio dos conteúdos, de seus significados em diferentes contextos e de sua articulação.
   III. domínio do conhecimento da gestão da educação, da administração e supervisão escolar.
   IV. gerenciamento do próprio desenvolvimento profissional.

   Agora, assinale a alternativa correta:

   a) Somente as alternativas I, II e III estão corretas.
   b) Somente as alternativas II, III e IV estão corretas.
   c) Somente as alternativas II e IV estão corretas.
   d) Somente as alternativas I e III estão corretas.
   e) Somente as alternativas I, II e IV estão corretas.

3. Compõem o campo de intervenção do profissional de educação física que atua na área da saúde:

   I. atividades de academia voltadas à hipertrofia e modelagem corporal e aos exercícios sistematizados.
   II. atividades de lazer e entretenimento, como as atividades de turismo de aventura.

III. ginástica laboral.

IV. atendimento à atenção básica primária (postos de saúde), secundária (Unidades de Pronto Atendimento – UPAs, hospitais e unidades de atendimento especializado ou de média complexidade) e terciária (hospitais de grande porte ou de alta complexidade).

Agora, assinale a alternativa correta:

a) Somente as alternativas I, II e III estão corretas.
b) Somente as alternativas III e IV estão corretas.
c) Somente as alternativas II e IV estão corretas.
d) Somente as alternativas I e III estão corretas.
e) Somente as alternativas II, III e IV estão corretas.

4. O campo de intervenção relativa ao treinamento está em expansão. Nesse sentido, podemos relacionar diferentes funções desempenhadas pelo profissional de educação física no âmbito do treinamento esportivo. São elas:

a) treinamento, preparação física e massagem.
b) gestão, administração, organização do esporte de rendimento no país (nos clubes, associações, prefeituras, ONGs) e intervenção com equipes de treinamento.
c) esporte profissional, esporte amador e esporte de lazer.
d) esporte de rendimento, esporte de participação e esporte escolar.
e) gestão esportiva, treinamento físico e esporte popular.

5. Política pública é o conjunto de programas, iniciativas, decisões e ações constituídas diante de situações problemáticas. Nesse sentido, são possibilidades de interação entre o mercado de trabalho em educação física e as políticas públicas:

I. a atuação política no sentido de se envolver nas discussões e criações de políticas públicas, seja como funcionário da administração direta, seja como participante de movimentos sociais.
II. a atuação na gestão de programas e projetos destinados ao atendimento de dada política pública.
III. a atuação direta nos programas e projetos vinculados aos órgãos da administração direta.

Agora, assinale a alternativa correta:
a) A alternativa I está incorreta.
b) Somente as alternativas II e III estão corretas.
c) As alternativas I, II e III estão corretas.
d) Somente as alternativas I e III estão corretas.
e) As alternativas II e III estão incorretas.

Atividades de aprendizagem

Questões para reflexão

1. Qual é sua opinião sobre a atuação do profissional de educação física nas áreas de gestão, educação, saúde, treinamento e políticas públicas? Será que o curso superior o capacita para tudo isso?

2. Escolha um campo de atuação profissional em educação física e analise os cuidados, as preocupações e o foco de estudo necessários para capacitar o profissional.

Atividade aplicada: prática

Apresentamos, ao longo do capítulo, uma crítica a respeito do legado dos megaeventos realizados no Brasil. Faça uma pesquisa na internet sobre os legados deixados em outros países que sediaram megaeventos e relacione-os aos que se observam no Brasil. Em sua avaliação, analise em que eles afetam a área da educação física.

Capítulo 6

Fazer científico em educação física

Na década de 1990, muitos pesquisadores discutiram a educação física como ciência, pois o vasto campo de estudo da área e as novas possibilidades que se apresentavam para a intervenção profissional se tornaram terrenos férteis para a produção de pesquisa. Naquele período, muitas constatações foram apresentadas, entre as quais está uma que chama atenção: o entendimento de que o campo de estudo da área é a intervenção pedagógica com os elementos culturais do movimento.

Esse entendimento possibilitou o surgimento de pesquisas que produziram conhecimentos com base em diferentes enfoques e demandas sociais, ampliando a compreensão que havia sobre a educação física.

Tendo isso em vista, analisaremos, neste capítulo, a área e o profissional responsável pela produção de conhecimentos em educação física.

6.1 Professor-pesquisador e formador-pesquisador

Primeiramente, precisamos fazer uma distinção entre dois termos importantes: *professor-pesquisador* e *formador-pesquisador*. A diferença básica entre esses dois profissionais está no ambiente de atuação e nas incumbências de cada um. Um formador-pesquisador é o professor que atua no ensino superior – nos cursos de formação de professores, por exemplo – e que pesquisa **a** ou **na** própria atividade de ensino.

O termo *formador-pesquisador*, portanto, é utilizado para diferenciar as ações desempenhadas pelo professor da educação superior, visto que as ações do professor da educação básica também podem englobar a pesquisa e a reflexão das práticas em sala de aula. Nesse sentido, embora ambos investiguem a própria prática, o formador-pesquisador tem como foco de pesquisa a formação inicial de professores no ensino superior, enquanto o professor-pesquisador se volta para a pesquisa da atuação profissional na educação básica.

Em síntese, o formador-pesquisador é o profissional que atua na formação de professores e que utiliza a pesquisa como campo de aprendizagem e de produção de conhecimento pedagógico.

O professor-pesquisador, por sua vez, é o profissional que atua na educação básica e que produz ou utiliza a pesquisa como forma de divulgar e ampliar sua formação.

De acordo com Zeichner (1993, p. 49),

> A ideia do professor como produtor de saber é acentuada de duas maneiras: estudos de investigação sobre a ação na sala de aula, realizados por alunos-mestres [...] e um esforço concentrado da nossa parte para incluir os escritos dos professores do ensino básico e secundário no material de leitura dos nossos cursos.

Complementando essa ideia, Lüdke e Cruz (2005, p. 90) afirmam que a reflexão **na** e **sobre** a ação é uma estratégia

> que pode servir para os professores problematizarem, analisarem, criticarem e compreenderem suas práticas, produzindo significado e conhecimento que direcionam para o processo de transformação das práticas escolares. Todavia, reflexão não é sinônimo de pesquisa e o professor que reflete sobre a sua prática pode produzir conhecimento sem, necessariamente, ser um pesquisador. Quando ele avança, indo ainda além da reflexão, do ato de debruçar-se outra vez para entender o fenômeno, encurta a distância que o separa do trabalho de pesquisar, que apresenta, entretanto, outras exigências, entre as quais a análise à luz da teoria.

Com base nesses entendimentos, podemos fazer duas considerações:

1. O professor que atua na educação básica pode pesquisar a prática pedagógica, a fim de produzir conhecimentos que auxiliem futuros profissionais a compreender melhor as práticas escolares e utilizar suas observações como subsídio para a transformação da prática, contribuindo para a formação continuada.

2. Por outro lado, esse professor também pode encontrar nas produções publicadas por outros profissionais conteúdos para a própria formação continuada. Essa é a atitude que se espera de um professor-pesquisador: utilizar sua prática profissional e a de outros como campo de intervenção, pesquisa e formação – embora nem sempre isso seja possível, realizável e possa ter os resultados aproveitados.

Nesse sentido, a condição para que a pesquisa se torne acessível é a contínua reflexão sobre as ações pedagógicas do professor, sendo importante registrar o resultado, os problemas e os questionamentos originários dessa reflexão. Nessa dinâmica, o professor, ao se tornar pesquisador da própria prática, assume o papel de sujeito e objeto da própria investigação.

Assim, pesquisar sobre a prática pedagógica pressupõe que o professor-pesquisador realize um processo permanente de aprendizagem e transformação de sua intervenção, bem como desenvolva sua capacidade de reflexão sobre as práticas de ensino.

Com relação a essa temática, Porlán Ariza e Martín Toscano (2000) chamam atenção para a existência de alguns conhecimentos que compõem o saber profissional e apresentam algumas proposições que descrevem o modelo de professor investigador:

1. *O professor de uma disciplina específica deveria ter um conhecimento aprofundado do seu objeto de estudo, dos problemas, das leis e das teorias fundamentais da disciplina, assim como informações gerais sobre outras disciplinas próximas que possibilitassem o desenvolvimento de projetos interdisciplinares.*
2. *Deveria conhecer o contexto histórico, social e ideológico em que se inserem os problemas relevantes para a investigação, assim como os obstáculos epistemológicos e os modelos de paradigmas que propõem o estabelecimento de uma explicação adequada.*

3. O professor [...] deveria ser instruído como pesquisador, a fim de obter certo conhecimento prático sobre o significado da metodologia científica, em relação tanto às questões gerais quanto à disciplina específica.
4. [...] deveria conceber o método científico como um conjunto de procedimentos rigorosos que, a partir de um problema de investigação, permite submeter, de maneira comparada com a realidade e outras investigações, determinado corpo teórico que trata de descrevê-lo, compreendê-lo e, às vezes, transformá-lo. [...]
5. [...] deveria saber estabelecer relações significativas entre sua disciplina e os problemas socioambientais relevantes, compreendendo que a atividade pode atender a interesses diversos, requerendo controle democrático sobre as ações desenvolvidas por parte dos cidadãos [...].
6. [...] deveria saber detectar, analisar e interpretar indicadores externos relacionados às concepções e representações de seus alunos. Nesse sentido, cabe a ele elaborar instrumentos para detectar esses indicadores, formular perguntas, analisar, categorizar e interpretá-las didaticamente. [...]
7. [...] deveria saber formular um conjunto de procedimentos [...] que possibilite "reconhecer problemas", "analisar e contrastar pontos de vista" e uma série de valores básicos, como a "autonomia" e a "cooperação", que servem como referenciais contínuos ao processo de ensino-aprendizagem (García; García, 1992).
8. [...] o currículo deve ter um caráter aberto e flexível e ser apresentado aos alunos na forma de problemas para investigação. [...] esses problemas deverão ser analisados por diversas disciplinas para que se desenvolvam sequências de conhecimentos, procedimentos e atitudes que auxiliem o professor a dirigir o processo de aprendizagem. (Porlán Ariza; Martín Toscano, 2000, p. 38-39, tradução nossa)

Os autores apresentam, por fim, quatro itens que sintetizam as funções do professor-pesquisador:

9. [...] o professor deverá **analisar os obstáculos** que têm sido relevantes para que a comunidade científica melhore sua descrição e compreensão do problema planejado; e também terá de **analisar e categorizar**

as concepções iniciais que seus alunos apresentam, desde as mais simples até as mais complexas, determinando os possíveis obstáculos que se apresentam entre umas e outras. Se for possível, deverá **consultar a bibliografia** *mais exequível relacionada à investigação da didática específica e os estudos concretos sobre representações dos alunos na temática em questão, ou em outras conceitualmente próximas. Por último, terá de* **analisar e comparar toda essa informação e estabelecer uma hipótese de progressão** *que, tomando como referencial o nível de partida dos alunos, prescreva, na forma de hipótese didática, itinerários de aprendizagem que permitam superar alguns dos obstáculos mais evidentes, passando por possíveis formulações por meio do conhecimento escolar. [...]*

10. *[...] o professor deveria saber desenhar um plano de atividades que favoreça a investigação, a evolução dos alunos e a melhora de suas concepções iniciais.* (Porlán Ariza; Martín Toscano, 2000, p. 39-40, tradução e grifo nosso)

De acordo com as contribuições desses autores, as funções atribuídas ao professor-pesquisador pressupõem algumas características profissionais que o qualificam, entre elas a condição de ser um profissional com significativa experiência e de desenvolver seu trabalho mediante sustentação científica. Isso implica conhecer os problemas frequentes que condicionam a prática docente e também outras disciplinas do currículo.

É válido mencionar, ainda, que, embora reconheçamos nas pesquisas realizadas pelo professor um importante instrumento de formação e de produção de conhecimento, compreendemos também que se constituem em um desafio, principalmente ao profissional que se encontra no processo de formação inicial, visto que a realidade da formação e atuação profissional nem sempre está de acordo com as atitudes e conhecimentos necessários ao professor-pesquisador. Ainda assim, trata-se de um excelente componente para a formação continuada do professor, uma vez que a relação entre teoria e prática profissional constantemente é revisitada e reconstruída dialeticamente.

6.2 Pesquisas em educação física

Com a ampliação do campo de intervenção profissional em educação física nas últimas décadas, as linhas de pesquisa da área também têm apresentado significativo crescimento.

O termo *linha de pesquisa* passou a ser utilizado com maior frequência a partir da década de 1980, quando o reconhecimento de que as pesquisas deveriam ser organizadas coletivamente e articuladas institucionalmente ganhou força. De maneira geral, podemos identificar como uma linha de pesquisa a área de concentração que acolhe investigações em contextos e campos específicos do conhecimento ou a área que apresenta dada orientação teórica com procedimentos e metodologias próprios. Em outras palavras, uma linha de pesquisa é uma área de concentração de pesquisas, projetos e programas que agregam temáticas ou metodologias afins.

Para aprofundarmos nossa análise sobre esse conceito, vamos examinar como ocorreu a produção de conhecimento em educação física nas últimas décadas. Ao investigarmos a literatura sobre o tema, percebemos que os autores utilizaram diferentes formas para classificar as produções na área. Por isso, a seguir, apresentaremos um panorama dessas produções e, consequentemente, das linhas de pesquisa, mas sem esgotar as possibilidades relativas às áreas de concentração.

Quadro 6.1 Áreas de concentração de pesquisa das produções publicadas em diferentes momentos

Autor/ ano	Áreas de concentração de pesquisa	Linha de pesquisa
Gamboa (1994)	Para o autor, os modelos de pesquisa derivam da concepção de homem. Diante disso, ele desenvolveu duas linhas de pesquisa no campo epistemológico da motricidade humana.	1. Estudo das características anatomofisiológicas do homem. Abordagem científica: empírico-analítica. 2. Educação física como meio de educar o homem. Matriz epistemológica: fenomenológica-hermenêutica e crítico-dialética (materialismo histórico).

(continua)

(Quadro 6.1 – continuação)

Autor/ano	Áreas de concentração de pesquisa	Linha de pesquisa
Antunes et al. (2005)	Esses autores apresentaram os temas das pesquisas brasileiras em educação física escolar no período de 1999 a 2003. Eles enquadravam esses temas em sete áreas temáticas de estudo. Os dados foram levantados com base no estudo de 11 revistas científicas que representavam o universo dos periódicos da área naquele momento.	a. "Finalidade – investigação sobre os fins ou objetivos últimos da Educação Física Escolar (proposição, compilação ou análise das suas finalidades e implicações). b. Caracterização – descrição das aulas de Educação Física, em suas dimensões psicológica, comportamental, histórica e social, assim como seus entrelaçamentos com contextos sociais mais amplos. Essa categoria é representada por pesquisas de cunho descrito, do tipo levantamento e observacional. c. Processo Ensino-Aprendizagem – estudo dos fatores envolvidos na otimização da aprendizagem. d. Formação de professores – pesquisa sobre o processo de formação de professores. e. Epistemologia – investigação sobre a natureza do conhecimento da PEFE [Pedagogia da Educação Física Escolar], ou seja, o estudo dos postulados, conclusões e métodos das diferentes subáreas da PEFE. f. Indefinido – investigações em que não é possível identificar um tema central, ou quando aparece mais de um tema entre os mencionados acima, sem predominância identificável. g. Não escolar – investigações que não tratam da Educação Física Escolar." (Antunes et al., 2005, p. 181)

(Quadro 6.1 – conclusão)

Autor/ano	Áreas de concentração de pesquisa	Linha de pesquisa
So e Betti (2016)	Apresentaram a identidade epistemológica da educação física nos periódicos científicos dos estratos superiores do Qualis-Capes (A1 e A2), ano-base 2016. As linhas de pesquisa foram organizadas em três campos semânticos.	1. Esporte, exercício, atividade física, cinesiologia e educação física: medicina do esporte, ciência do esporte, psicologia do esporte, fisioterapia do esporte, educação física (área sociocultural/pedagógica), fisiologia do esporte, biologia do esporte, nutrição do esporte, biomecânica do esporte, psicologia do esporte/exercício, medicina do esporte/exercício, ciência do exercício pediátrico, ciência do esporte/exercício, cinesiologia, atividade física e saúde, medicina do esporte/atividade física, educação física sociocultural/pedagógica. 2. Ciência: ciência do esporte, ciências médicas, ciência do movimento humano, ciência do exercício pediátrico, fisioterapia, ciência neurológica, fotoquímica e fotobiologia. 3. Ciências humanas e sociais: psicologia do esporte, psicologia, educação física e esporte (área sociocultural/pedagógica)

Como é possível perceber, existem diversas classificações das linhas de pesquisa. No entanto, é válido ressaltar que os autores apresentados no Quadro 6.1 não tinham o objetivo de conceituar o termo. O primeiro autor, Gamboa (1994), analisou o campo epistemológico das pesquisas em educação física em um período em que os conhecimentos biológicos relativos ao corpo eram considerados o meio e o fim das aulas de Educação Física. Assim, o autor se preocupou em apontar o campo epistemológico no qual ocorriam as produções na área e a abordagem científica utilizada nas duas linhas identificadas.

Antunes et al. (2005) analisaram as áreas temáticas das pesquisas publicadas nos periódicos entre 1999 e 2003. Observe que o formato utilizado por eles difere do de Gamboa (1994), pois não se trata de matrizes e campos epistemológicos, mas do agrupamento temático das pesquisas.

Por sua vez, So e Betti (2016) não se propuseram a apresentar linhas temáticas, embora o próprio material consultado por eles remeta a um veículo específico de organização: os periódicos. Geralmente, as pesquisas estão alinhadas a campos epistemológicos, linhas de pesquisa ou áreas de concentração de trabalhos que necessitam de organização coletiva e articulação de instituições e grupos de pesquisa. Os autores pesquisaram o portal de periódicos da Coordenação de Aperfeiçoamento de Pessoal de Nível Superior (Capes), uma fundação que atua na expansão e consolidação da pós-graduação *stricto sensu* (mestrado e doutorado) em todos os estados do país. Esse órgão, vinculado ao Ministério da Educação (MEC), disponibilizou o portal de periódicos, uma biblioteca virtual que reúne uma infinidade de publicações nacionais e internacionais em revistas *on-line*. Os periódicos (revistas científicas) são classificados no portal de acordo com critério próprio da Capes (A1, A2, B1, B2, B3, B4 etc.). No caso dessa pesquisa, os autores optaram pela Área 21, substratos A1 e A2.

A Área 21 é formada por programas de pós-graduação que envolvem as áreas de educação física, fisioterapia, fonoaudiologia e terapia ocupacional, ou seja, a educação física está enquadrada ao lado de alguns cursos da área da saúde.

6.2.1 Áreas para produção de conhecimento em educação física

Tão importante quanto conhecer as linhas de pesquisa é saber que, atualmente, existe uma infinidade de áreas em que é possível produzir conhecimentos em educação física. Essas áreas acabam sendo subdivididas em áreas de conhecimento ou áreas básicas, em função dos conhecimentos inter-relacionados, do objeto de investigação e das finalidades de ensino, pesquisa e aplicações práticas. As áreas básicas, por sua vez, também são subdivididas em subáreas, em função do objeto de estudo, e essas subáreas são divididas em especialidades ou linhas de estudo. Assim, a classificação das áreas de conhecimento segue uma hierarquização organizada em quatro níveis (do geral ao específico), abrangendo nove grandes áreas nas quais se distribuem as 48 áreas de avaliação da Capes. Observe, no Quadro 6.2, a classificação para a educação física.

Quadro 6.2 Classificação das áreas de conhecimento para a educação física

Níveis hierárquicos		Unidades
1º	Grande área	Ciências da saúde
2º	Área de conhecimento ou área básica	Saúde coletiva
3º	Subárea	Educação física
4º	Especialidade	Educação física

Embora exista a área de classificação, elaborada em função da pós-graduação, conforme mencionado, muitos profissionais fazem cursos de mestrado e doutorado fora da sua área específica, geralmente em outra grande área – por exemplo, em educação, psicologia ou sociologia. Isso pressupõe o surgimento de novas linhas de pesquisa, como formação de professores, currículo da Educação Física para a educação básica, psicologia da educação etc.

Tendo isso em mente, retomaremos o início do texto deste capítulo, em que, afirmamos que, com o desenvolvimento da intervenção profissional em educação física, **as linhas de pesquisa**

também têm apresentado significativo crescimento. Isso, por um lado, possibilita a compreensão de que todo campo de intervenção em educação física é instrumentalizado pela pesquisa, que é alimentada pelo campo de intervenção. Por outro lado, essa afirmação parece revelar que há sempre um risco perene de que a especialização e a subdivisão da grande área em áreas cada vez mais específicas e especializadas do conhecimento produzam também a fragmentação do todo.

6.3 Práticas interdisciplinares na pesquisa em educação física

A preocupação quanto à fragmentação do conhecimento em função das várias áreas e linhas de pesquisa se intensificou com a expansão da ciência como método de investigação, assumindo o espaço antes ocupado pela filosofia. O grande desenvolvimento das ciências e as investigações de base positivista – que buscam a objetividade, a experimentação, a explicação e a generalização dos fatos – fizeram com que as humanidades se tornassem coadjuvantes no âmbito da produção do conhecimento.

Embora seja inegável o conhecimento produzido pelas ciências, o afastamento da filosofia tornou restrita a possibilidade de entendimento a respeito da complexidade da natureza. As ciências naturais não buscam entender a natureza do ser humano como um todo, mas explicá-la com base em fragmentos.

A procura pela compreensão não fragmentada da natureza pressupõe um olhar mais amplo em relação ao conhecimento, o que incentiva iniciativas de estudos e pesquisas no campo interdisciplinar.

6.3.1 Interdisciplinaridade

O conceito de *interdisciplinaridade* está em voga e vem sendo muito discutido atualmente, principalmente porque se trata de um tema bastante abrangente. Para Morin (2001), por exemplo, o termo é polissêmico, podendo significar tanto a troca e cooperação entre disciplinas quanto o uso destas de maneira isolada para explicar o mesmo tema. Já para Zabala (2002, p. 33), a interdisciplinaridade é "a interação entre duas ou mais disciplinas, que podem implicar transferência de leis de uma disciplina a outra, originando, em alguns casos, um novo corpo disciplinar, como, por exemplo, a bioquímica ou a psicolinguística".

Fourez (2001), por sua vez, conceitua *interdisciplinaridade* com base em três definições:

1. **Contato interdisciplinar**: É a possibilidade de transferir resultados, pontos de vista ou métodos de uma disciplina para outra.
2. **Contato interdisciplinar quase disciplinar**: Refere-se à forma de abordar determinada questão com base na contribuição padronizada de diferentes disciplinas.
3. **Disciplinas interdisciplinares**: São disciplinas que se constituem por contribuições padronizadas de diversas disciplinas.

Já de acordo com D'Ambrosio (2005, p. 1, tradução nossa),

> a interdisciplinaridade não só justapõe resultados como implica a identificação de novos objetos de investigação. Isso marcou as produções do século XIX. A interdisciplinaridade deu origem a novas áreas do conhecimento, tais como eletromagnetismo, termodinâmica, neurofisiologia, fisicoquímica, mecânica quântica. Essas áreas, tipicamente interdisciplinares, posteriormente definiram seus objetos de estudo e seus métodos. De fato, elas se tornaram novas disciplinas.

Como podemos perceber, muitos sentidos são propostos para a interdisciplinaridade, mas, ainda assim, há um ponto hegemônico: a interação entre disciplinas. Essa interação pode ocorrer pela simples aproximação de disciplinas sem fusão de conhecimentos, pela troca e interação de conhecimentos, pelas formas de abordar temas com base na contribuição de outras disciplinas, pela transferência de conhecimentos entre disciplinas, pelas disciplinas que se constituem com base em outras, pela transferência de leis de uma disciplina ou grupo de disciplinas a outro (constituindo uma nova) ou pela justaposição de disciplinas e criação de novos objetos de estudo. Nesse sentido, além de possibilitar novas e variadas formas de ver um mesmo objeto, a interdisciplinaridade propicia que se formulem entendimentos mais complexos e aprofundados sobre ele.

6.3.2 Interdisciplinaridade na educação física

Como ficar evidenciando nos capítulos anteriores, as investigações em educação física são, de maneira geral, interdisciplinares por si sós, visto que a área agrega conhecimentos de duas grandes áreas: as ciências humanas e as naturais. Essa interação com outras disciplinas permite que em educação física se pesquisem seus objetos de maneira mais abrangente.

Por exemplo, partindo do pressuposto de que a educação física trata da produção humana relativa ao movimento corporal, concebemos a intervenção social com o esporte como seu objeto de estudo. Porém, se pensarmos apenas na relação entre **professor**, **aluno** e **conteúdo** ou entre **técnico**, **atleta** e **fundamentos** (aquilo que seria específico e restrito da área), os conhecimentos a respeito do esporte estariam restritos às próprias finalidades.

A possibilidade de realização de estudos interdisciplinares viabilizou a aproximação de outras disciplinas com a Educação

Física, o que ampliou a compreensão a respeito de seu objeto de estudo. A aproximação com a sociologia possibilitou, por exemplo, a observação de aspectos sociológicos no esporte. Embora não exista uma metodologia específica para a pesquisa com o esporte, criou-se uma disciplina com linha de pesquisa própria, denominada *sociologia do esporte*.

A partir das influências recebidas dessas outras áreas, foram criadas novas disciplinas em educação física, como pedagogia do esporte, fisiologia do exercício/treinamento físico, psicologia do esporte, sociologia da educação física, bioquímica do exercício e biomecânica aplicada ao esporte. Assim, podemos afirmar que há uma combinação de conhecimentos de diversas disciplinas para a criação de outras disciplinas ou objetos de estudo na área, o que pressupõe dizer que seu campo epistemológico é interdisciplinar.

No entanto, ainda que essa realidade tenha proporcionado infinitas contribuições para a educação física, trata-se de um campo que está em constante tensão e embate epistemológico.

De todo modo, a interdisciplinaridade tem sido fundamental para a análise, a compreensão e a explicação dos fenômenos, uma vez que possibilita que eles sejam observados por diferentes campos epistemológicos – mesmo que a aproximação desses campos gere tensões.

> Quase todos os objetos de investigação humana só se mostram brilhantes quando se lançam luzes sobre eles e, dependendo das cores e dos raios da luz, os objetos refletem-na diferentemente, **mostrando-se, apresentando-se, aparecendo** diferentemente. Por isso a necessidade de complementação pelos olhares de outras ciências ou disciplinas (e/ou mesmo por diferentes correntes) sobre o "mesmo" objeto. (Lobo Júnior, 1997, grifo do original)

Embora a interdisciplinaridade possa ocorrer de diferentes formas, de acordo com entendimentos e possibilidades variadas, é inegável que sua utilização no ensino e na pesquisa permite a compreensão mais ampla dos fenômenos. Ainda assim, o rigor científico, muitas vezes, apresenta-se como um campo magnético, fazendo com que os encontros interdisciplinares aconteçam e, em seguida, se desfaçam novamente, perpetuando a lógica disciplinar, mesmo quando nesses encontros são constituídos novos campos de pesquisa ou disciplinas.

6.4 Abordagens contemporâneas da educação física: populações especiais (idosos, pessoas com deficiência e outros)

Entre as novas demandas apresentadas para a educação física, a intervenção profissional com populações especiais se mostra promissora, voltada à atividade/aptidão física associada a fatores de saúde, reabilitação física, bem-estar e qualidade de vida da população, independentemente da faixa etária.

De acordo com Faria Junior (2002), nos anos de 1980 e 1990, houve, em âmbito mundial, a expansão das pesquisas sobre a atividade física para pessoas idosas. No Brasil, a década de 1990 foi marcada também pela expansão da oferta de programas de atividades físicas para pessoas com mais de 60 anos.

Com relação às pessoas com deficiência, na segunda metade do século XX, médicos ingleses adotaram a prática de esportes como meio de reabilitação de seus pacientes. No Brasil, em razão das práticas isoladas de profissionais de diferentes áreas, é difícil precisar quando ou como se deu a expansão de tais práticas. Ainda assim, é possível afirmar que um dos grandes motivos para a expansão das atividades voltadas a essa população está relacionado aos movimentos iniciados a partir das décadas de 1960 e 1970, em favor dos direitos humanos. Na década de 1980, os movimentos de inclusão social ganharam força e voz nos países mais desenvolvidos, impulsionando, na década de 1990, os países em desenvolvimento.

Considerando-se esses aspectos, é possível afirmar que os dois fatores mencionados, preocupação com a saúde/qualidade de vida e inclusão social, tornaram-se marcos de referência para um novo campo de intervenção do profissional de educação física – a atuação com grupos especiais.

De acordo com os dados do Censo Demográfico de 2010, publicados pelo Instituto Brasileiro de Geografia e Estatística (IBGE), no Brasil, há mais de 45,5 milhões (23,9%) de brasileiros com uma ou mais das seguintes deficiências: auditiva, visual, motora e mental/intelectual (23,9% dos brasileiros..., 2012). Apresentamos, a seguir, nos Quadros 6.4 e 6.5, dados referentes à característica geral da população brasileira de acordo como Censo de 2010.

Tabela 6.1 População residente, por tipo de deficiência, segundo os grupos de idade (Censo 2010)

Situação por grupos de idade	Total [1] [2]	Pelo menos uma das deficiências investigadas [1]	Tipo de deficiência					
			Visual			Auditiva		
			Não consegue de modo algum	Grande dificuldade	Alguma dificuldade	Não consegue de modo algum	Grande dificuldade	Alguma dificuldade
Total	190.755.799	45.606.048	506.377	6.056.533	29.211.482	344.206	1.798.967	7.574.145
0 a 4 anos	13.806.733	385.303	20.935	24.707	122.581	13.593	10.996	54.453
5 a 9 anos	14.967.767	1.147.368	21.407	97.719	670.799	16.494	31.976	184.925
10 a 14 anos	17.167.135	1.926.730	24.058	175.176	1.286.971	22.379	45.914	235.471
15 a 19 anos	16.986.788	2.017.529	24.457	195.493	1.357.295	24.836	44.564	219.824
15 a 17 anos	10.353.865	1.218.607	14.475	117.495	821.618	14.373	27.442	133.384
18 e 19 anos	6.632.922	798.921	9.981	77.998	535.677	10.463	17.122	86.439
20 a 24 anos	17.240.864	2.215.799	29.808	210.571	1.473.070	30.591	48.795	255.109
25 a 29 anos	17.102.917	2.376.938	35.860	232.451	1.540.445	31.146	53.492	288.966

(continua)

(Tabela 6.1 – continuação)

Situação por grupos de idade	Total (1)(2)	Tipo de deficiência						
		Pelo menos uma das deficiências investigadas (1)	Visual			Auditiva		
			Não consegue de modo algum	Grande dificuldade	Alguma dificuldade	Não consegue de modo algum	Grande dificuldade	Alguma dificuldade
30 a 34 anos	15.744.616	2.447.685	34.986	235.409	1.523.122	30.538	63.894	325.833
35 a 39 anos	13.888.191	2.590.841	32.346	258.624	1.604.547	26.753	70.325	362.784
40 a 44 anos	13 008 496	3 797 150	31 166	438 135	2 642 127	23 843	85.537	444.978
45 a 49 anos	11.834.647	4.763.491	31.233	617.095	3.481.074	18.724	97.630	529.426
50 a 54 anos	10.134.322	4.705.129	28.184	655.232	3.337.231	17.408	119.958	625.726
55 a 59 anos	8.284.433	4.170.185	28.068	605.386	2.819.567	15.520	130.589	668.086
60 a 64 anos	6.503.287	3.524.275	25.855	527.765	2.258.647	13.267	141.022	686.776
65 a 69 anos	4.852.789	2.894.694	24.058	458.022	1.748.246	11.925	147.136	678.305
70 a 74 anos	3.744.738	2.451.628	23.652	426.442	1.381.745	10.571	164.179	669.689
75 a 79 anos	2.570.686	1.839.631	24.466	353.344	947.089	10.000	169.752	561.265
80 anos ou mais	2.917.391	2.351.671	65.840	544.962	1.016.924	26.618	373.207	782.529

(Tabela 6.1 – continuação)

Situação por grupos de idade	Tipo de deficiência				*Nenhuma dessas deficiências (³)
	Não consegue de modo algum	Motora		Mental/ intelectual	
		Grande dificuldade	Alguma dificuldade		
Total	734.421	3.698.929	8.832.249	2.611.536	145.084.976
0 a 4 anos	57.388	23.189	60.495	64.977	13.419.477
5 a 9 anos	30.152	27.723	81.772	137.140	13.818.227
10 a 14 anos	30.396	34.179	108.120	189.149	15.237.845
15 a 19 anos	28.334	36.892	126.464	186.291	14.966.031
15 a 17 anos	16.974	22.413	73.681	113.474	9.133.549
18 e 19 anos	11.360	14.479	52.783	72.817	5.832.482
20 a 24 anos	29.728	45.942	163.937	188.606	15.016.938
25 a 29 anos	30.111	59.513	214.933	191.943	14.715.518
30 a 34 anos	30.249	84.790	292.220	194.724	13.287.819
35 a 39 anos	27.383	117.304	372.978	185.380	11.290.507

(Tabela 6.1 – conclusão)

Situação por grupos de idade	Tipo de deficiência				*Nenhuma dessas deficiências [3]
	Não consegue de modo algum	Motora			
		Grande dificuldade	Alguma dificuldade	Mental/ intelectual	
40 a 44 anos	28.102	169.095	535.289	199.102	9.205.527
45 a 49 anos	27.529	245.678	712.135	195.654	7.066.676
50 a 54 anos	29.657	331.081	890.583	183.474	5.425.649
55 a 59 anos	32.728	378.372	975.820	157.493	4.111.740
60 a 64 anos	34.945	382.901	981.815	125.996	2.977.236
65 a 69 anos	40.186	371.513	914.327	96.769	1.957.073
70 a 74 anos	49.565	389.803	848.985	88.423	1.292.634
75 a 79 anos	58.577	365.769	676.582	81.905	730.605
80 anos ou mais	169.392	635.183	875.794	144.510	565.475

Fonte: Adaptado de IBGE, 2010, p. 114-115.

Notas: (1) As pessoas incluídas em mais de um tipo de deficiência foram contadas apenas uma vez.
(2) Inclusive as pessoas sem declaração destas deficiências.
(3) Inclusive a população sem qualquer tipo de deficiência.

De acordo com os dados apresentados, a deficiência visual é a mais recorrente, atingindo mais de 18% dos brasileiros. Dessa porcentagem, aproximadamente 3,4% apresentam grande dificuldade ou não conseguem ver de modo algum – e essa deficiência torna-se mais comum entre as pessoas com mais de 40 anos. O estudo mostra também que aproximadamente 6,8% da população brasileira têm algum tipo de deficiência física, sendo que quase a metade desse total (50,19%) tem grande dificuldade ou não consegue movimentar-se. As pessoas com deficiência auditiva representam aproximadamente 5,1% da população brasileira. Desse total, 3,55% apresentam grau muito intenso de limitação (não ouvem), enquanto 18,5% apresentam grande dificuldade auditiva. Ainda segundo a pesquisa, 1,37% da população brasileira tem algum tipo de deficiência mental/intelectual, sendo mais de 15% desse total composto por brasileiros com mais de 60 anos de idade.

Se somarmos à população de idosos e deficientes outros grupos especiais, como pessoas com problemas na coluna, obesos, hipertensos, diabéticos, cardiopatas e gestantes, essa demanda social cresce consideravelmente, atingindo cerca de 50% da população brasileira.

Em virtude desses números, foi possível verificar, neste século, o crescimento e a sistematização do estudo em educação física sobre populações especiais, embora já existisse tal preocupação em menor escala. As publicações que anteriormente se dedicavam à inclusão e à conquista de direitos humanos agora se voltam também à sistematização de programas para diferentes públicos e grupos especiais. Nesse cenário, estudos sobre envelhecimento, gestantes, reabilitação física, atividades adaptadas, deficiências e doenças hipocinéticas (causadas pela baixa ou falta de mobilidade) constituem novas linhas de pesquisa em um campo pouco explorado (quando analisada a dimensão da demanda) e em constante crescimento, uma vez que a expectativa de vida da população vem aumentando e as doenças da modernidade, provenientes do sedentarismo, têm crescido nas mesmas ou em maiores proporções.

6.4.1 Intervenção profissional com populações especiais

A intervenção profissional voltada às populações especiais requer do profissional um vasto conhecimento, sobretudo em função do propósito de orientação às pessoas com mobilidade reduzida, auxiliando na ampliação do nível de atividade e, quando possível, de aptidão física. Há um universo de possibilidades que devem ser definidas pelas necessidades, desejos e potencialidades do praticante, as quais devem ser consideradas pelo profissional quando da elaboração do programa de atendimento a uma clientela específica.

Perguntas & respostas

1. Quais são os requisitos básicos para o atendimento a populações especiais?
Embora os atendimentos sejam bastante individualizados, nesses casos, há alguns passos comuns que devem ser levados em consideração:

- é importante valorizar o indivíduo, e não sua dificuldade (deficiência);
- a falta de conhecimento sobre o quadro clínico da pessoa atendida pode resultar em engano ou até induzir a erro;
- o conhecimento do quadro clínico auxilia o profissional na escolha da atividade, do volume e da intensidade do trabalho proposto;

- a eficiência do trabalho nem sempre está associada ao desempenho a ser demonstrado, e sim à satisfação e ao prazer do praticante;
- a execução das atividades pode ser limitada pela mobilidade reduzida e por tremores, rigidez muscular e movimentos involuntários, dificultando a realização de ações que envolvam habilidades motoras e capacidades físicas;
- conhecer o grau de comprometimento do indivíduo é de extrema importância para a intervenção com população especial.

Como podemos perceber, o planejamento das atividades está pautado em conhecimentos científicos, pedagógicos e técnicos – adaptados a cada pessoa ou grupo atendido, visto que cada um guarda particularidades que devem ser respeitadas. As atividades propostas podem contemplar experiências esportivas adaptadas às características e possibilidades de movimento dos diferentes grupos, bem como outras criadas para suprir necessidades de atendimento individual mais específicas. O reforço positivo em função das conquistas do participante deve se sobrepor à cobrança pelo desempenho, pois as pessoas com limitações, patologias e deficiências são singulares e, por isso, desenvolvem suas potencialidades de forma particular. Desse modo, é importante não cultivar expectativas de que pessoas com as mesmas patologias ou deficiências terão manifestações clínicas semelhantes em um processo de reabilitação, prática esportiva ou programa de melhoria de aptidão física.

O profissional, no processo de inclusão de populações especiais em atividades ou exercício físicos, independentemente dos objetivos a serem alcançados, deve estar atento a fatores anatômicos, biomecânicos, comportamentais e fisiológicos, a fim de propiciar ampla confiança e segurança ao praticante. Tais cuidados devem ser acompanhados pela atitude motivacional, de incentivo e de apoio profissional, quando solicitado.

6.5 Abordagens contemporâneas da educação física: atividades radicais e na natureza

No contexto atual, é recorrente a utilização do termo *radical* para caracterizar situações extremas ou que se distinguem das situações rotineiras. Ao longo da história da humanidade, a busca pela aventura se tornou cada vez mais recorrente, motivada pelo desejo de experimentar emoções fortes. Essas experiências têm proporcionado ao ser humano descobertas como a do avião, criado a partir do sonho de voar. Da mesma maneira, têm propiciado diferentes formas de o homem se relacionar com a natureza – algo que ocorre, muitas vezes, por meio das atividades de aventura.

Essas atividades desafiam a própria natureza e os limites humanos, exigindo a criação de diversos equipamentos que proporcionem aventuras seguras na água, na terra ou no ar.

O interesse cada vez mais evidenciado por desafiar a natureza ou integrar-se a ela motivou a criação de um mercado de lazer e entretenimento especializado em difundir e oferecer condições (físicas e materiais) para a prática da atividade de aventura, realizada tanto em ambientes naturais quanto em ambientes artificiais.

Como forma de designar tais práticas, atualmente se utilizam diferentes terminologias relacionadas à aventura e à natureza: *alternativo, desafio, extremo, inovador, limite, risco, sentidos*, entre outras. Essas palavras, muitas vezes, são combinadas com outros termos, como *turismo de aventura, esporte na natureza, esportes radicais, X games, esportes* ou *atividades de adrenalina, esporte de aventura*.

A diversidade de possibilidades atreladas a esse tipo de atividade tem sido problematizada de modo inter e multidisciplinar, visto que é uma categoria que pode ser pensada como atividade de aventura, atividade de lazer, atividade que provoca mudanças fisiológicas e descargas hormonais (adrenalina), atividade competitiva etc. Ainda assim, devemos considerar que a heterogeneidade presente nas concepções apresentadas dificulta a abordagem do tema pelas diferentes áreas do conhecimento. Por outro lado, a variação terminológica, conceitual e relacionada ao tipo de experiência proporcionada se torna um campo promissor para a pesquisa e atuação na área.

6.5.1 Conceitos

Atualmente, conceituar esse tipo de atividade ainda é uma tarefa complexa, dada a multiplicidade de sentidos e expressões que o definem e caracterizam. Tendo isso em vista, apresentamos, no Quadro 6.3, os conceitos de *radical* e *aventura* associados ao esporte.

Quadro 6.3 Esporte de aventura e esporte radical

Esporte de aventura	Esporte radical
O conjunto de práticas esportivas formais e não formais, vivenciadas em interação com a natureza, a partir de sensações e de emoções, sob condições de incerteza em relação ao meio e de risco calculado. Realizadas em ambientes naturais (ar, água, neve, gelo e terra), como exploração das possibilidades da condição humana, em resposta aos desafios desses ambientes, quer seja em manifestações educacionais, de lazer e de rendimento, sob controle das condições de uso dos equipamentos, da formação de recursos humanos e comprometidos com a sustentabilidade socioambiental.	O conjunto de práticas esportivas formais e não formais, vivenciadas a partir de sensações e de emoções, sob condições de risco calculado. Realizadas em manobras arrojadas e controladas, como superação de habilidades de desafio extremo. Desenvolvidas em ambientes controlados, podendo ser artificiais, quer seja em manifestações educacionais, de lazer e de rendimento, sob controle das condições de uso dos equipamentos, da formação de recursos humanos e comprometidos com a sustentabilidade socioambiental.

Fonte: Brasil, 2007, p. 107.

Perceba que os conceitos estão diferenciados pelo ambiente utilizado para o desenvolvimento das atividades (ambientes naturais e ambientes controlados) e também que o termo *esporte* é utilizado de forma generalista e abrangente, uma vez que refere-se às atividades que sejam ou não competitivas. Por outro lado, a polissemia em relação ao termo *esporte,* conforme é possível constatar na atualidade, faz com que se concebam práticas variadas associadas a ele.

Vasculhando esses mesmos conceitos na literatura, encontraremos referências sobre o tipo de equipamento utilizado, as sensações promovidas, a experiência que cada elemento da natureza proporciona de acordo com a finalidade da prática etc.

Figura 6.1 Necessidades a serem consideradas para a administração e a participação em atividades na natureza

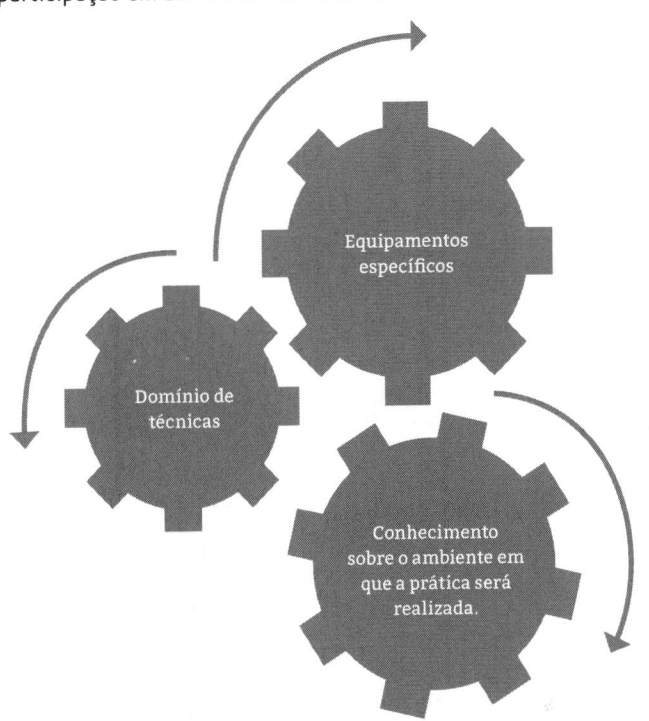

- Equipamentos específicos
- Domínio de técnicas
- Conhecimento sobre o ambiente em que a prática será realizada.

Importante!

É válido ressaltar que esse tipo de experiência requer dos praticantes conhecimentos, domínio de técnicas e materiais específicos para seu desenvolvimento. Embora possa parecer que tais conhecimentos são estanques ou podem ser tratados de forma não articulada, as experiências têm mostrado que o caminho para a prática segura requer a integração e a articulação entre eles, como se fossem uma engrenagem que possibilita a realização da atividade. Nesse sentido, o formato da atividade é que define o tipo de equipamento necessário para seu desenvolvimento, bem como as técnicas a serem empregadas para que a experiência seja prazerosa e segura. Esses dois fatores não prescindem do conhecimento a respeito do ambiente em que a prática se desenvolve. Tais fatores, além de fundamentais para o desenvolvimento das atividades de aventura, podem também interferir em sua realização. Além das preocupações relativas às técnicas e à produção de materiais, a preocupação ambiental passou a fazer parte desse tipo de prática. Nesse sentido, as atividades de aventura requerem dos gestores de empreendimentos, dos monitores de atividades e dos praticantes, **além da prática**, um processo educativo sobre **consciência e conservação ambiental**.

6.5.2 Pesquisa

Embora as atividades, práticas ou esportes de aventura (ou radicais) tenham surgido no século XVIII (surfe), o final do século XX é, efetivamente, o marco da ascensão dessas práticas. Por ser muito nova em nosso meio, a produção do conhecimento a esse respeito ainda é restrita.

Mesmo assim, muitas informações podem ser encontradas nesse campo, principalmente no formato eletrônico. Afinal, essa área vem se consolidando como uma nova e potencial área de pesquisa e intervenção no campo do conhecimento dos profissionais da saúde (entre eles o de educação física).

Quadro 6.4 Linhas de pesquisa sobre atividades/esportes de aventura/radicais

Nº	Linha de pesquisa	Temas de pesquisa
1	Prevenção e segurança	■ Formas de atuação do profissional ■ Atitude profissional ■ Prevenção de acidentes e segurança ■ Prevenção de riscos ■ Estrutura de programas de prevenção ■ Medidas de controle
2	Impacto das atividades de aventura	■ Impacto ambiental ■ Impacto na população e no espaço local ■ Impacto econômico
3	Medicina de aventura	■ Acidentes em ambientes remotos ■ Socorro em ambientes de difícil acesso e em locais públicos ■ Tipos de lesão ■ Apresentação clínica
4	Fisiologia aplicada às atividades de aventura	■ Alterações metabólicas ■ Fisiologia em altitude ■ Fisiologia no mergulho ■ Fisiologia em temperaturas extremas
5	Nutrição nas atividades de aventura	■ Necessidades metabólicas para atividades de esforço extremo ■ Nutrição e otimização da *performance* em atividades de aventura ■ Hidratação e exercício físico e extremo ■ Suplementação ■ Dieta pré e pós-exercício físico e extremo

(continua)

(Quadro 6.4 – conclusão)

Nº	Linha de pesquisa	Temas de pesquisa
6	Atividades de aventura para grupos especiais	- Intervenção profissional em atividades adaptadas - Desempenho e grupos especiais - Diferentes objetivos para grupos especiais - Diferentes populações - Fisiopatologia e atividade de aventura
7	Atividade de aventura na escola	- Propostas de atividade de aventura na escola - Possibilidades de atividade de aventura na escola - Atividade de aventura no currículo escolar
8	Aspectos psicossociais aplicados à atividade de aventura	- Lazer e atividade de aventura - Emoção, desafio e prazer na atividade de aventura - Sentidos e significados construídos nas atividades de aventura
9	Características, conceitos e concepções das atividades de aventura	- Diferentes conceitos e concepções das atividades de aventura - Características das atividades de aventura - Construção histórica das atividades de aventura
10	Público e faixa etária relacionados à atividade de aventura	- Diferentes públicos e faixa etária adequados às atividades de aventura
11	Gestão de empreendimento e das atividades de aventura	- Administração e gestão de espaços e pessoas

Nesse sentido, podemos afirmar que há duas novas e prósperas demandas para a educação física nesse nicho: uma delas está relacionada ao campo de intervenção profissional, que tem prosperado nos últimos anos; e a outra indica que essa área apresenta um vasto campo de pesquisa e, consequentemente, a necessidade de produção de conhecimento pertinente. Por esse motivo, também o profissional precisa se qualificar para prestar atendimento com excelência, visto que muitas atividades proporcionam risco extremo ao praticante. Portanto, o profissional que atua com essa especialidade necessita de preparo e amplos conhecimentos na área.

Síntese

Neste capítulo, destacamos a necessidade de sustentação científica na intervenção profissional em educação física, tendo como principal objetivo analisar a atuação profissional com base em um olhar científico. Para isso, inicialmente, apresentamos dois conceitos: *formador-pesquisador* e *professor-pesquisador*.

Formador-pesquisador é o profissional que trabalha na formação de professores (educação superior) e que utiliza a pesquisa como campo de aprendizagem e produção do conhecimento pedagógico. Já o professor-pesquisador é o profissional que atua na educação básica e produz ou utiliza a pesquisa como forma de ampliar sua formação.

Com base nesses conceitos, mostramos que a pesquisa do professor sobre a própria prática pedagógica produz conhecimentos que fomentam a autorreflexão, auxiliam futuros profissionais a compreender melhor as práticas escolares e contribuem para a formação continuada. Em síntese, pesquisar a prática pressupõe um processo permanente de aprendizagem e transformação da própria intervenção.

Em seguida, abordamos o conceito de *linha de pesquisa* e sua importância na prática acadêmica. De maneira geral, as linhas de pesquisa são as áreas de concentração de investigações, projetos e programas.

Na sequência, tratamos da questão da interdisciplinaridade, a fim de identificar de que maneira ela ocorre e qual sua contribuição para a construção de conhecimento. No caso da educação física, ressaltamos que a interação com outras disciplinas possibilita investigar os temas tratados pela área a partir de outras perspectivas, inclusive por transferência de conhecimentos ou leis, o que propicia a consolidação de novas disciplinas e objetos de estudo.

Para encerrar a obra, abordamos dois temas que estão em evidência nos estudos de educação física: o trabalho com populações especiais e a realização de atividades radicais e na natureza. De acordo com os dados do Censo Demográfico de 2010 (IBGE, 2010), no Brasil, há mais de 45,5 milhões (23,9%) de brasileiros com pelo menos um tipo de deficiência. No entanto, verificamos que essa população sobe para cerca de 50% se englobarmos outras populações, como idosos, hipertensos, obesos e diabéticos.

Além de ser um campo fértil para pesquisas, a intervenção profissional com populações especiais requer vasto conhecimento do profissional, pois as limitações, as patologias e as deficiências são diferentes entre si, assim como indivíduos pertencentes a um mesmo grupo também apresentam divergências. Desse modo, o planejamento das atividades para esse público específico deve sempre levar em consideração essas particularidades, devendo o profissional da área ficar atento a fatores anatômicos, biomecânicos, comportamentais e fisiológicos, propiciando ampla confiança e segurança ao praticante.

Por fim, tratamos das atividades radicais ou na natureza, que estão cada vez mais em evidência. Como visto, a procura por essas atividades motivou a criação de um mercado do lazer e do entretenimento voltado a isso, o que tem demandado a criação de equipamentos e a especialização de profissionais. Além disso, há a possibilidade da prática de esportes radicais, que englobam características do esporte formal, como a competitividade. Como se trata de um campo de atuação que vem prosperando, destacamos a necessidade de desenvolvimento de mais pesquisas nessa área, bem como de especialização profissional.

Indicações culturais

Artigos

A temática do professor-pesquisador é ainda bastante contestada no meio acadêmico. Nesse sentido, para ampliar seus conhecimentos a respeito dela, sugerimos a leitura dos dois artigos indicados a seguir, que trazem muitas contribuições e explicitam com mais profundidade as reflexões aqui propostas.

LÜDKE, M. O professor e sua formação para a pesquisa. **EccoS**, v. 7, n. 2, p. 333-349, jul./dez. 2005. Disponível em: <http://www.redalyc.org/pdf/715/71570206.pdf>. Acesso em: 20 out. 2017.

LÜDKE, M. O professor, seu saber e sua pesquisa. **Educação & Sociedade**, Campinas, v. 22, n. 74, p. 77-96, abr. 2001. Disponível em: <http://www.scielo.br/pdf/es/v22n74/a06v2274.pdf>. Acesso em: 20 out. 2017.

Caso tenha se interessado pela pesquisa em educação física e queira saber um pouco mais sobre esse universo, sugerimos a leitura dos três artigos relacionados a seguir.

ANTUNES, F. H. C. et al. Um retrato da pesquisa brasileira em educação física escolar: 1999-2003. **Motriz**, Rio Claro, v. 11, n. 3, p. 179-184, set./dez. 2005. Disponível em: <http://www.rc.unesp.br/ib/efisica/motriz/11n3/11ELPa.pdf>. Acesso em: 20 out. 2017.

GAMBOA, S. S. Pesquisa em educação física: as inter-relações necessárias. **Motrivivência**, Florianópolis, v. 5, p. 34-46, dez. 1994. Disponível em: <https://periodicos.ufsc.br/index.php/motrivivencia/article/view/14499>. Acesso em: 20 out. 2017.

SO, M. R.; BETTI, M. A identidade epistemológica da educação física nos periódicos científicos dos estratos superiores do Qualis-Capes. **Motrivivência**, Florianópolis, v. 28, n. 47, p. 109-127, maio 2016. Disponível em: <https://periodicos.ufsc.br/index.php/motrivivencia/article/view/2175-8042.2016v28n47p109>. Acesso em: 20 out. 2017.

Para aprofundar seus conhecimentos sobre interdisciplinaridade, sugerimos a leitura do artigo a seguir, que dedica uma seção à discussão desse tema na educação física.

LOBO JÚNIOR, D. T. A emergência da educação física escolar como área de pesquisa pedagógica: elementos para o trabalho interdisciplinar. **Perspectivas em Educação Física Escolar**, Niterói, v. 1, n. 1, 1997. Disponível em: <http://www.uff.br/gef/dacio1.htm>. Acesso em: 20 out. 2017.

Atividades de autoavaliação

1. Analise as proposições a seguir.
    I. Professor-pesquisador é o profissional que atua no âmbito da formação superior.
    II. Formador-pesquisador é o profissional que atua no âmbito da formação inicial ou continuada de professores.
    III. A pesquisa do professor produz conhecimentos que auxiliam futuros profissionais a compreender melhor as práticas escolares, ao mesmo tempo que contribuem para a sua formação continuada.
    IV. A pesquisa do professor pressupõe um processo permanente de desenvolvimento da capacidade de reflexão sobre as próprias ações de ensino.

    Agora, assinale a alternativa correta:
    a) Somente as alternativas I, II e III estão corretas.
    b) somente as alternativas I, III e IV estão corretas.

c) somente as alternativas III e IV estão corretas.
d) somente as alternativas II e IV estão corretas.
e) somente as alternativas II, III, e IV estão corretas.

2. Com relação à linha de pesquisa em educação física, é **incorreto** afirmar que:
   a) linhas de pesquisas em educação física são áreas de concentração de investigações, projetos e programas que agregam temáticas ou metodologias afins.
   b) atualmente, existem duas linhas de pesquisa em educação física: uma no campo científico e outra no campo pedagógico.
   c) a educação física, a fisioterapia, a fonoaudiologia e a terapia ocupacional compõem a Área 21.
   d) muitos profissionais fazem cursos de mestrado e doutorado fora de sua área de conhecimento específico – por exemplo, em educação, em psicologia ou em sociologia.
   e) o surgimento das linhas de pesquisa ocorreu em virtude da especificidade dos objetos de investigação de diferentes áreas de concentração.

3. Muitos sentidos são propostos para o termo *interdisciplinaridade*, mas é possível encontrar pontos comuns entre eles. Assim, é **incorreto** afirmar que a interdisciplinaridade pode ocorrer:
   a) pela simples aproximação de disciplinas (sem fusão de conhecimentos) ou pela troca e interação de conhecimentos.
   b) pela abordagem de temas com base na contribuição de outras disciplinas.
   c) pela constituição de novas disciplinas a partir de outras ou pela transferência de leis de uma disciplina ou grupo de disciplinas para outra.

d) pela justaposição de disciplinas e pela criação de novos objetos de estudo.
e) pelo afastamento do objeto de estudo e pela aproximação de outra área.

4. De acordo com os dados do Censo Demográfico de 2010 (IBGE, 2010), no Brasil, há mais de 45,5 milhões (23,9% da população) de brasileiros com um ou mais tipos de deficiência. Acrescentando-se outros grupos especiais a essa demanda, como pessoas com problemas na coluna, obesos, hipertensos, diabéticos, cardiopatas e gestantes, esse número se aproxima de 50% da população brasileira. Portanto, estamos diante de uma grande demanda para a pesquisa e intervenção do profissional de educação física. Com base nisso, é correto afirmar:

   I. O planejamento das atividades para esse público específico deve se pautar em conhecimentos científicos, pedagógicos e técnicos, adaptados a cada pessoa ou grupo atendido, visto que cada um guarda particularidades a serem respeitadas.
   II. Na intervenção com grupos especiais, é importante cultivar expectativas de que pessoas com as mesmas patologias ou deficiências sempre têm manifestações clínicas semelhantes em processos de reabilitação, prática esportiva e programa de melhoria da aptidão física.
   III. As limitações, as patologias e as deficiências são singulares e, por isso, cada pessoa desenvolve suas potencialidades de forma particular.

   Agora, assinale a alternativa correta:
   a) As afirmativas I, II e III são verdadeiras.
   b) As afirmativas II e III são verdadeiras.
   c) As afirmativas I e III são verdadeiras.
   d) Apenas a afirmativa I é verdadeira.
   e) Apenas a afirmativa III é verdadeira.

5. Atualmente, são utilizadas diferentes terminologias relacionadas à aventura e à natureza (que assumem características relativas ao prazer e à competição). Muitas vezes, esses termos se combinam com outros, constituindo expressões que designam tais práticas. Não são termos que caracterizam atividades de aventura e na natureza:
   a) *esportes radicais* e *esporte na natureza*.
   b) *turismo de aventura e esportes* ou *atividades de adrenalina*.
   c) *esporte de aventura* e *X games*.
   d) *safári* e *esportes radicais*.
   e) *atividade de aventura* e *atividades de adrenalina*.

Atividades de aprendizagem

Questões para reflexão

1. Partindo das informações apresentadas neste capítulo, responda:
   a) Você considera que o tempo destinado ao curso de nível superior e a diversidade dos conteúdos tratados na formação são suficientes para a constituição de um pesquisador? Justifique sua resposta.
   b) Em sua opinião, a extensa jornada do professor possibilita a reflexão e a pesquisa sobre a própria prática? Em caso negativo, como seria possível mudar esse cenário? Discorra sobre isso.

2. Os cursos de formação inicial de professores têm preparado os profissionais para os tipos de intervenção necessários, levando em conta a abrangência que analisamos no capítulo (pessoas com deficiências, atividades na natureza e radicais)?

Atividade aplicada: prática

Como ocorre a pesquisa do professor na escola? Quais são as dificuldades para desenvolver pesquisas com populações especiais e com esportes radicais ou na natureza e publicá-las em revistas científicas especializadas? Para o esclarecimento dessas questões, entreviste professores de Educação Física que atuam em escolas da educação básica ou profissionais que trabalham com grupos especiais e esportes radicais e de aventura.

Considerações finais

Finalizamos esta obra com a plena convicção de que, isoladamente, os escritos aqui apresentados não refletem a amplitude e a complexidade da educação física. Por isso indicamos, em cada capítulo, textos complementares ao conteúdo trabalhado.

Como ressaltamos no início do livro, as discussões propostas aqui são apenas uma introdução aos principais temas que envolvem essa área do conhecimento. Ainda assim, acreditamos que possibilitarão reflexões mais aprofundadas a respeito da formação, da intervenção e da produção de conhecimento em educação física.

No Capítulo 1, primeiramente analisamos o conceito de *educação física* e o objeto de estudo da área. Em seguida, abordamos a disputa no campo acadêmico de diferentes matrizes epistemológicas e a construção do currículo em educação física – os eixos teóricos e a formação profissional – e examinamos o mercado de trabalho dessa área.

No Capítulo 2, tratamos do saber científico em educação física e apresentamos as ciências que a envolvem. Mostramos que a área, antes vista apenas pelo prisma das ciências naturais, atualmente é bastante influenciada pelas ciências humanas. Dando continuidade ao estudo desse assunto, no Capítulo 3, apresentamos as principais áreas de influência: a antropologia, a sociologia, a psicologia, a filosofia, a biologia e a pedagogia. Observe que cinco das seis áreas mencionadas perpassam as ciências humanas.

No Capítulo 4, destacamos os principais temas e campos de atuação do profissional de educação física: educação, lazer, esporte, saúde e cidadania. No Capítulo 5, enfatizamos as demandas sociais e o mercado de trabalho relacionados à educação física. Nesse ponto, especificamos os campos de atuação profissional nessa área e identificamos novas possibilidades de atuação, como as relacionadas à gestão e às políticas públicas.

Por fim, no Capítulo 6, abordamos o fazer científico em educação física, mais especificamente o campo de atuação do professor-pesquisador, as práticas interdisciplinares na pesquisa e as principais áreas de investigação.

Os conteúdos enfocados ao longo dos capítulos evidenciam que é inimaginável um profissional conseguir se aperfeiçoar em todos os campos da área. No entanto, isso não é um fator preocupante, visto que é durante o processo de formação acadêmica que o aluno geralmente se identifica com determinados conhecimentos e atividades da profissão. Em muitos casos, isso direcionará a formação do graduando e o iniciará para a atuação no nicho desejado.

A formação do profissional de educação física deve ser continuada e ir além de sua graduação. O diploma recebido ao concluir essa etapa é apenas um "alvará" com prazo de validade. Afinal, as mudanças sociais e os novos conhecimentos que surgem a todo instante exigem do profissional atualização constante.

Referências

23,9% DOS BRASILEIROS declaram ter alguma deficiência, diz IBGE. **G1**, São Paulo, 27 abr. 2012. Brasil. Disponível em: <http://g1.globo.com/brasil/noticia/2012/04/239-dos-brasileiros-declaram-ter-alguma-deficiencia-diz-ibge.html>. Acesso em: 20 out. 2017.

AHLERT, A. Educação física escolar e cidadania. **Vidya**, Santa Maria, v. 24, n. 42, p. 47-60, jul./dez. 2004. Disponível em: <https://www.periodicos.unifra.br/index.php/VIDYA/article/viewFile/403/377>. Acesso em: 20 out. 2017.

ALVIANO JUNIOR, W. **Formação inicial em educação física**: análises de uma construção curricular. 270 f. Tese (Doutorado em Educação) – Universidade de São Paulo, São Paulo, 2011.

AMARAL, S. C. F.; RIBEIRO, O. C. F.; SILVA, D. S. Produção científico-acadêmica em políticas públicas de esporte e lazer no Brasil. **Motrivivência**, v. 26, n. 42, p. 27-40, 2014. Disponível em: <https://periodicos.ufsc.br/index.php/motrivivencia/article/view/32670>. Acesso em: 20 out. 2017.

ANJOS, T. C. dos. **Revisitando a educação física a partir da atuação do profissional de educação física na atenção básica**. 100 f. Dissertação (Mestrado em Ciências da Saúde) – Universidade Federal de São Paulo, Santos, 2012.

ANTISERI, D. **Breve nota epistemológica sull'interdisciplinarità**: orientamenti pedagogia 141. Brescia: La Scuola, 1975.

ANTUNES, F. H. C. et al. Um retrato da pesquisa brasileira em educação física escolar: 1999-2003. **Motriz**, Rio Claro, v. 11, n. 3, p. 179-184, set./dez. 2005. Disponível em: <http://www.rc.unesp.br/ib/efisica/motriz/11n3/11ELPa.pdf>. Acesso em: 20 out. 2017.

ARANHA, M. L. de A. **Filosofia da educação**. São Paulo: Moderna, 1996.

ARANHA, O. L. P. **Currículos de formação de professores de educação física no Estado do Pará**: conteúdos curriculares, concepções pedagógicas e modelos de profissionalidade. 271 f. Dissertação (Mestrado em Educação) – Universidade Federal do Pará, Belém, 2011.

BAGRICHEVSKY, M.; PALMA, A.; ESTEVÃO, A. (Org.). **A saúde em debate na educação física**. Blumenau: Edibes, 2003. v. 1.

BASTOS, F. da C. Administração esportiva: área de estudo, pesquisa e perspectivas no Brasil. **Motrivivência**, n. 20-21, p. 295-306, 2003. Disponível em: <https://periodicos.ufsc.br/index.php/motrivivencia/article/view/930/723>. Acesso em: 20 out. 2017.

BATISTA, L. A. A biomecânica em educação física escolar. **Perspectivas em Educação Física Escolar**, Niterói, v. 2, n. 1, p. 36-49, 2001. Disponível em: <https://scholar.google.com.br/scholar?q=A+biomecnica+em+educação+fisica+escolar&btnG=&hl=pt-BR&as_sdt=0%2C5>. Acesso em: 20 out. 2017.

BERTÃO, N. Brasil já é um dos maiores mercados "fitness" do mundo. **Exame**, 26 maio 2016. Disponível em: <http://exame.abril.com.br/revista-exame/brasil-ja-e-um-dos-maiores-mercados-fitness-do-mundo/>. Acesso em: 20 out. 2017.

BETTI, M. Por uma teoria da prática. **Motus Corporis**, Rio de Janeiro, v. 3, n. 2, p. 73-127, dez. 1996.

BETTI, M. **A janela de vidro**: esporte, televisão e educação física. Campinas: Papirus, 1998.

BETTI, M. Corpo, cultura, mídias e educação física: novas relações no mundo contemporâneo. **Lecturas, Educación Física y Deportes**, Buenos Aires, ano 10, n. 79, p. 1-9, dic. 2004. Disponível em: <http://www.efdeportes.com/efd79/corpo.htm>. Acesso em: 20 out. 2017.

BETTI, M. Educação física como prática científica e prática pedagógica: reflexões à luz da filosofia da ciência. **Revista Brasileira de Educação Física e Esporte**, São Paulo, v. 19, n. 3, p. 183-197, jul./set. 2005. Disponível em: <https://www.researchgate.net/publication/280922577_Educacao_fisica_como_pratica_cientifica_e_pratica_pedagogica_Reflexoes_a_luz_da_filosofia_da_ciencia>. Acesso em: 20 out. 2017.

BETTI, M. Educação física e cultura corporal de movimento: uma perspectiva fenomenológica e semiótica. **Revista da Educação Física/UEM**, Maringá, v. 18, n. 2, p. 207-217, 2007. Disponível em: <http://www.periodicos.uem.br/ojs/index.php/RevEducFis/article/view/3277>. Acesso em: 20 out. 2017.

BETTI, M. **Educação física e sociedade**. São Paulo: Movimento, 1991.

BETTI, M. Educação física e sociologia: novas e velhas questões no contexto brasileiro. In: CARVALHO, Y. M.; RUBIO, K. (Org.). **Educação física e ciências humanas**. São Paulo: Hucitec, 2001. p. 155-169.

BETTI, M. **Educação física escolar**: do idealismo à pesquisa-ação. 336 f. Tese (Doutorado em Livre-Docência em Métodos e Técnicas de Pesquisa em Educação Física e Motricidade Humana) – Universidade Estadual Paulista, Bauru, 2003.

BETTI, M. Esporte, televisão e espetáculo: o caso da TV a cabo. **Conexões: Educação, Esporte e Saúde**, Campinas, v. 1, n. 3, p. 74-91, 1999. Disponível em: <https://www.researchgate.net/publication/303366083_Esporte_televisao_e_espetaculo_o_caso_da_TV_a_cabo>. Acesso em: 20 out. 2017.

BETTI, M. O papel da sociologia do esporte na retomada da educação física. **Revista Brasileira de Educação Física e Esporte**, São Paulo, v. 20, p. 191-193, set. 2006. Disponível em: <http://citrus.uspnet.usp.br/eef/uploads/arquivo/54_Anais_p191.pdf>. Acesso em: 20 out. 2017.

BETTI, M.; ZULIANI, L. R. Educação física escolar: uma proposta de diretrizes pedagógicas. **Revista Mackenzie de Educação Física e Esporte**, v. 1, n. 1, p. 73-81, 2009. Disponível em: <http://editorarevistas.mackenzie.br/index.php/remef/article/view/1363/1065>. Acesso em: 20 out. 2017.

BRACHT, V. A constituição das teorias pedagógicas da educação física. **Cadernos Cedes**, ano 19, n. 48, p. 69-88, ago. 1999a. Disponível em: <http://www.scielo.br/pdf/ccedes/v19n48/v1948a05.pdf>. Acesso em: 20 out. 2017.

BRACHT, V. **Educação física e aprendizagem social**. Porto Alegre: Magister, 1992.

BRACHT, V. **Educação física e ciência**: cenas de um casamento (in)feliz. Ijuí: Ed. da Unijuí, 1999b.

BRACHT, V. Esporte na escola e esporte de rendimento. **Movimento**, Porto Alegre, v. 6, n. 12, p. 14-24, 2000. Disponível em: <http://www.seer.ufrgs.br/Movimento/article/viewFile/2504/1148>. Acesso em: 20 out. 2017.

BRAGA, R. Qualidade de vida urbana e cidadania. **Território e Cidadania**, Rio Claro, n. 2, p. 2, jul./dez. 2002.

BRASIL. Constituição (1988). **Diário Oficial da União**, Brasília, DF, 5 out. 1988. Disponível em: <http://www.planalto.gov.br/ccivil_03/constituicao/constituicao.htm>. Acesso em: 20 out. 2017.

BRASIL. Decreto n. 69.450, de 1º de novembro de 1971. **Diário Oficial da União**, Poder Executivo, Brasília, DF, 3 nov. 1971. Disponível em: <http://www.planalto.gov.br/ccivil_03/decreto/d69450.htm>. Acesso em: 20 out. 2017.

BRASIL. Lei n. 9.394, de 20 de dezembro de 1996. **Diário Oficial da União**, Poder Legislativo, Brasília, DF, 23 dez. 1996. Disponível em: < http://www.planalto.gov.br/ccivil_03/leis/L9394.htm>. Acesso em: 20 out. 2017.

BRASIL. Lei n. 9.696, de 1º de setembro de 1998. **Diário Oficial da União**, Poder Legislativo, Brasília, DF, 2 set. 1998a. Disponível em: <http://www.planalto.gov.br/ccivil_03/leis/L9696.htm>. Acesso em: 20 out. 2017.

BRASIL. Lei n. 12.796, de 4 de abril de 2013. **Diário Oficial da União**, Poder Executivo, Brasília, DF, 5 abr. 2013. Disponível em: <http://www.planalto.gov.br/ccivil_03/_ato2011-2014/2013/lei/l12796.htm>. Acesso em: 20 out. 2017.

BRASIL. Ministério da Educação. Conselho Federal de Educação. Parecer n. 215, de 11 de março de 1987. Relator: Mauro Costa Rodrigues. Brasília, DF, 1987a. Disponível em: <http://www.dominiopublico.gov.br/download/texto/cd007078.pdf>. Acesso em: 20 out. 2017.

BRASIL. Ministério da Educação. Conselho Federal de Educação. Resolução n. 3, de 16 de junho de 1987. **Diário Oficial da União**, Brasília, DF, 10 set. 1987b. Disponível em: <http://crefrs.org.br/legislacao/pdf/resol_cfe_3_1987.pdf>. Acesso em: 20 out. 2017.

BRASIL. Resolução n. 69, de 2 de dezembro de 1969. **Diário Oficial da União**, Brasília, DF, 1969. Disponível em: <http://cev.org.br/biblioteca/parecer-69-69/>. Acesso em: 20 out. 2017.

BRASIL. Ministério da Educação. Conselho Nacional de Educação. Câmara de Educação Superior. Resolução n. 7, de 31 de março de 2004. **Diário Oficial da União**, Brasília, DF, 5 abr. 2004. Disponível em: <http://portal.mec.gov.br/cne/arquivos/pdf/ces0704edfisica.pdf>. Acesso em: 20 out. 2017.

BRASIL. Ministério da Educação. Secretaria de Educação Fundamental. **Parâmetros Curriculares Nacionais**: ensino de primeira a quarta série. Brasília, 1997.

BRASIL. **Parâmetros Curriculares Nacionais**: terceiro e quarto ciclos do ensino fundamental – introdução. Brasília, 1998b.

BRASIL. **Parâmetros Curriculares Nacionais**: terceiro e quarto ciclos do ensino fundamental – educação física. Brasília, 1998c.

BRASIL. **Parâmetros Curriculares Nacionais**: ensino médio – Parte II: Linguagens, Códigos e suas Tecnologias. Brasília, 2000.

BRASIL. **Referencial Curricular Nacional para a Educação Infantil**. Brasília, 1998d.

BRASIL. Ministério do Esporte. Conselho Nacional do Esporte. Resolução n. 18, de 9 de abril de 2007. **Diário Oficial da União**, 11 out. 2007. p. 107. Disponível em: <https://www.gov.br/cidadania/pt-br/composicao/orgaos-colegiados/cne/arquivos/atas-reunioes/resolucaon18.pdf>. Acesso em: 20 out. 2017.

BRASIL. Ministério da Saúde. Secretaria de Vigilância em Saúde. **Política Nacional de Promoção da Saúde**. Brasília, 2006. Disponível em: <http://bvsms.saude.gov.br/bvs/publicacoes/politica_promocao_saude.pdf>. Acesso em: 20 out. 2017.

CASTELLANI FILHO, L. **Educação física no Brasil**: a história que não se conta. 4. ed. Campinas: Papirus, 1994. (Coleção Corpo e Motricidade).

CESÁRIO, M. **Formação de professores de educação física da Universidade Estadual de Londrina**: tradução do projeto curricular pelos professores. 221 f. Tese (Doutorado em Educação) – Universidade Federal de São Carlos, São Carlos, 2008.

CHAUI, M. **Convite à filosofia**. São Paulo: Ática, 1998.

CHAVES, A. J. F. Bases teóricas da educação. In: PINHO, S. Z. et al. **Oficina de estudos pedagógicos**: reflexões sobre a prática do ensino superior. São Paulo: Cultura Acadêmica/Unesp, 2008, p. 49-72.

CONFEF – Conselho Federal de Educação Física. Estatuto do Conselho Federal de Educação Física. **Diário Oficial da União**, Brasília, DF, 13 dez. 2010. Disponível em: <http://www.confef.org.br/confef/conteudo/471>. Acesso em: 20 out. 2017.

CONFEF – Conselho Federal de Educação Física. Estatuto do Conselho FEDERAL de Educação Física. Resolução n. 46, de 18 de fevereiro de 2002. **Diário Oficial da União**, Brasília, DF, 19 mar. 2002. Disponível em: <http://www.confef.org.br/confef/resolucoes/82>. Acesso em: 20 out. 2017.

COSTA, V. L. M.; MARINHO, A.; PASSOS, K. C. M. Esportes de aventura e esportes radicais: propondo conceitos. **Motriz**, Rio Claro, v. 13, n. 12, maio/ago. 2007.

CUNHA, J. J. da. **Formação do professor de educação física**: coerências e incoerências. 112 f. Dissertação (Mestrado em Educação) – Universidade do Oeste Paulista, Presidente Prudente, 2011.

DACOSTA, L. (Org.). **Atlas do esporte no Brasil**. [S. l.]: Conselho Federal de Educação Física, 2006. Disponível em: <http://www.confef.org.br/arquivos/atlas/atlas.pdf>. Acesso em: 20 out. 2017.

D'AMBROSIO, U. Knowledge and Human Values. In: CONGRESSO MUNDIAL SOBRE TRANSDISCIPLINARIDADE, 2., 2005, Vila Velha. **Anais...** Vila Velha, 2005.

DAOLIO, J. **Da cultura do corpo**. Campinas: Papirus, 1995.

DAOLIO, J. **Educação física e o conceito de cultura**. Campinas: Autores Associados, 2004. (Coleção Polêmicas do Nosso Tempo).

DUMAZEDIER, J. **Lazer e cultura popular**. São Paulo: Perspectiva, 1976.

DUMAZEDIER, J. **Valores e conteúdos culturais do lazer**. São Paulo: Sesc, 1980.

ECONOMIA SC. **Brasil é o 2º país do mundo em número de academias de ginástica**. 20 jun. 2011. Disponível em: <http://economiasc.com.br/o-brasil-e-o-2-pais-do-mundo-em-numero-de-academias-de-ginastica/>. Acesso em: 20 out. 2017.

FALCI, D. M. **Formação para atenção primária à saúde**: um estudo de caso da turma de profissionais de educação física do curso de Especialização em Atenção Básica em Saúde da Família da UFMG. 77 f. Trabalho de Conclusão de Curso (Especialização em Atenção Básica em Saúde da Família) – Universidade Federal de Minas Gerais, Belo Horizonte, 2013.

FARIA JUNIOR, A. G. de. Atividade física para idosos portadores e não portadores de deficiência visual: um estudo comparativo. **Revista Brasileira de Ciências do Esporte**, v. 23, n. 3, 2002. Disponível em: <http://oldarchive.rbceonline.org.br/index.php/RBCE/article/view/282>. Acesso em: 20 out. 2017.

FOUREZ, G. Fondements épistémologiques pour l'interdisciplinarité. In: LENOIR, Y.; REY, B.; FAZENDA, I. (Dir.). **Les fondements de l'interdisciplinarité dans la formation à l'enseignement**. Sherbrooke: Editions du CRP, 2001. p. 67-84.

FREIRE, J. B. **Educação de corpo inteiro**: teoria e prática da educação física. 2. ed. São Paulo: Scipione, 1991.

GAGLIOTTO, G. M. **A educação sexual na escola e a pedagogia na infância**: matrizes institucionais, disposições culturais, potencialidades e perspectivas emancipatórias. Jundiaí: Paco Editorial, 2014.

GAMBOA, S. S. Pesquisa em educação física: as inter-relações necessárias. **Motrivivência**, Florianópolis, v. 5, p. 34-46, dez. 1994. Disponível em: <https://periodicos.ufsc.br/index.php/motrivivencia/article/view/14499>. Acesso em: 20 out. 2017.

GARIGLIO, J. A. O papel da formação inicial no processo de constituição da identidade profissional de professores de Educação Física. **Revista Brasileira de Ciências do Esporte**, Florianópolis, v. 32, n. 2-4, p. 11-28, dez. 2010. Disponível em: <http://www.scielo.br/pdf/rbce/v32n2-4/02.pdf>. Acesso em: 20 out. 2017.

GAYA, A. **Ciências do movimento humano**: introdução à metodologia da pesquisa. Porto Alegre: Artmed, 2008.

GIDDENS, A. **Sociologia**. 4. ed. Porto Alegre: Artmed, 2005.

GONZÁLEZ, F. J.; FENSTERSEIFER, P. F. (Org.). **Dicionário crítico de educação física**. Ijuí: Ed. da Unijuí, 2005.

GUALANO, B.; TINUCCI, T. Sedentarismo, exercício físico e doenças crônicas. **Revista Brasileira de Educação Física e Esporte**, São Paulo, v. 25, p. 37-43, dez. 2011. Disponível em: <http://www.revistas.usp.br/rbefe/article/view/16841/18554>. Acesso em: 20 out. 2017.

GUEDES, D. P.; GUEDES, J. E. R. P. **Controle do peso corporal**: composição corporal, atividade física e nutrição. Londrina: Midiograf, 1996.

HUNGER, D. A. C. F.; ROSSI, F. Formação acadêmica em educação física: perfis profissionais, objetivos e fluxos curriculares. **Motriz**, Rio Claro, v. 16, n. 1, p. 170-180, jan./mar. 2010.

IBGE – Instituto Brasileiro de Geografia e Estatística. **Censo Demográfico 2010**: características gerais da população, religião e pessoas com deficiência. Rio de Janeiro, 2010. Disponível em: <https://biblioteca.ibge.gov.br/visualizacao/periodicos/94/cd_2010_religiao_deficiencia.pdf>. Acesso em: 20 out. 2017.

INEP – Instituto Nacional de Estudos e Pesquisas Educacionais Anísio Teixeira. **Censo Escolar da Educação Básica 2013**: resumo técnico. Brasília, 2014. Disponível em: <http://download.inep.gov.br/educacao_basica/censo_escolar/resumos_tecnicos/resumo_tecnico_censo_educacao_basica_2013.pdf>. Acesso em: 20 out. 2017.

KOLYNIAK FILHO, C. A educação física e a interdisciplinaridade: concretização do Projeto da PUC-SP. **Discorpo**, São Paulo, n.3, p. 49-97, 1994.

KOLYNIAK FILHO, C. Teoria, prática e reflexão na formação do profissional em educação física. In: SIMPÓSIO PAULISTA DE EDUCAÇÃO FÍSICA, 5., 1995, Rio Claro. **Anais**... Rio Claro: Unesp, 1995a.

KOLYNIAK FILHO, C. Movimento humano consciente: objeto de estudo para a educação física. **Discorpo**, São Paulo, n. 5, p. 15-32, 1995b.

KUNZ, E. **Transformação didático-pedagógica do esporte**. Ijuí: Unijuí, 1994.

LIBÂNEO, J. C. **Pedagogia e pedagogos, para quê?** São Paulo: Cortez, 2007.

LIMA, I. A. X.; REIS, P. F.; MORO, A. R. P. **Um panorama da ginástica laboral no Brasil**. Disponível em: <http://www.educadores.diaadia.pr.gov.br/arquivos/File/2010/artigos_teses/EDUCACAO_FISICA/artigos/ginastic.laboral.pdf>. Acesso em: 20 out. 2017.

LOBO JÚNIOR, D. T. A emergência da educação física escolar como área de pesquisa pedagógica: elementos para o trabalho interdisciplinar. **Perspectivas em Educação Física Escolar**, Niterói, v. 1, n. 1, 1997. Disponível em: <http://www.uff.br/gef/dacio1.htm>. Acesso em: 20 out. 2017.

LORENA, F. B.; FILGUEIRAS, I. P.; PECHLIYE, M. M. Relações entre biologia e educação física: olhar de especialistas sobre uma proposta de sequência didática. **Veras**, v. 3, n. 1, p. 103-118, 2013. Disponível em: <http://site.veracruz.edu.br/instituto/revistaveras/index.php/revistaveras/article/view/119>. Acesso em: 20 out. 2017.

LOVISOLO, H. Mas, afinal, o que é educação física? A favor da mediação e contra os radicalismos. **Movimento**, Porto Alegre, v. 2, n. 2, p. 17-24, 1995. Disponível em: <http://seer.ufrgs.br/index.php/Movimento/article/view/2192/911>. Acesso em: 20 out. 2017.

LOVISOLO, H. Hegemonia e legitimidade nas ciências dos esportes. **Motus Corporis**, Rio de Janeiro, v. 3, n. 2, p. 51-72, dez. 1996.

LOVISOLO, H. Mas, afinal, o que é educação física? A favor da mediação e contra os radicalismos. **Movimento**, Porto Alegre, v. 2, n. 2, p. 17-24, 1995. Disponível em: <http://seer.ufrgs.br/index.php/Movimento/article/view/2192/911>. Acesso em: 20 out. 2017.

LÜDKE, M. O professor e sua formação para a pesquisa. **EccoS**, v. 7, n. 2, p. 333-349, jul./dez. 2005. Disponível em: <http://www.redalyc.org/pdf/715/71570206.pdf>. Acesso em: 20 out. 2017.

LÜDKE, M. O professor, seu saber e sua pesquisa. **Educação & Sociedade**, Campinas, v. 22, n. 74, p. 77-96, abr. 2001. Disponível em: <http://www.scielo.br/pdf/es/v22n74/a06v2274.pdf>. Acesso em: 20 out. 2017.

LÜDKE, M.; CRUZ, G. Aproximando universidade e escola de educação básica pela pesquisa. **Cadernos de Pesquisa**, São Paulo, v. 35, n. 125, p. 81-109, maio/ago. 2005. Disponível em: <http://www2.fe.usp.br/~gpef/teses/grupo_01.pdf>. Acesso em: 20 out. 2017.

MARCELLINO, N. C. Lazer e cultura: algumas aproximações. In: MARCELLINO, N. C. (Org.). **Lazer e cultura**. Campinas: Alínea, 2007. p. 9-30.

MARCELLINO, N. C. **Lazer e educação**. 8. ed. Campinas: Papirus, 2001.

MARCONDES, R. **As práticas corporais no serviço público de saúde**: uma aproximação entre a educação física e a saúde coletiva. 208 f. Dissertação (Mestrado em Educação Física) – Universidade de São Paulo, São Paulo, 2007.

MASCARENHAS, F. **Lazer como prática da liberdade**: uma proposta educativa para a juventude. Goiânia: Ed. da UFG, 2003.

MONTEIRO, L. Z. **Perfil da atuação do profissional de educação física junto aos portadores de diabetes mellitus nas academias de ginástica de Fortaleza**. 85 f. Dissertação (Mestrado em Ciências da Saúde) – Universidade de Fortaleza, Fortaleza, 2006.

MOREIRA, W. W. **Educação física escolar**: uma abordagem fenomenológica. Campinas: Ed. da Unicamp, 1991.

MOREIRA, A. F.; SILVA, T. T. (Org.). **Currículo, cultura e sociedade**. São Paulo: Cortez, 2002.

MORIN, E. **A religação dos saberes**: o desafio do século XXI. Rio de Janeiro: Bertrand Brasil, 2001.

MORSCHBACHER, M. et al. Para que filosofia da educação física escolar? Para além de uma paráfrase das teses de Hans-Georg Flickinger. **Motrivivência**, v. 20, n. 31, p. 293-300, dez. 2008. Disponível em: <https://periodicos.ufsc.br/index.php/motrivivencia/article/viewArticle/14114>. Acesso em: 20 out. 2017.

NAHAS, M. V. Educação Física no ensino médio: educação para um estilo de vida ativo no terceiro milênio. In: SEMINÁRIO DE EDUCAÇÃO FÍSICA ESCOLAR, 4., 1997, São Paulo. **Anais**... São Paulo: Escola de Educação Física e Esportes, 1997. p. 17-20.

NEGRINE, A. **Educação psicomotora**: a lateralidade e a orientação espacial. Porto Alegre: Pallotti, 1983.

NUNES, R. V. **Os estágios de docência e a formação de professores em educação física**: um estudo de caso no curso de licenciatura da ESEF/UFRGS. 110 f. Dissertação (Mestrado em Ciências do Movimento Humano) – Universidade Federal do Rio Grande do Sul, Porto Alegre, 2010.

OLIVEIRA, A. B. de. A formação profissional em educação física: legislação, limites e possibilidades. In: SOUZA NETO, S. de; HUNGER, D. (Org.). **Formação profissional em educação física**: estudos e pesquisas. Rio Claro: Biblioética, 2006. p. 17-32.

OLIVEIRA, V. M. **Educação física humanista**. São Paulo: Ao Livro Técnico, 1984.

PÉREZ-GÓMES, A. O pensamento prático do professor: a formação do professor como profissional reflexivo. In: NÓVOA, A. (Org.). **Os professores e sua formação**. Lisboa: Dom Quixote, 1992. p. 15-34.

OMS – Organização Mundial da Saúde. **Constituição da Organização Mundial da Saúde**. Nova Iorque: OMS, 1946. Disponível em: <http://www.direitoshumanos.usp.br/index.php/OMS-Organiza%C3%A7%C3%A3o-Mundial-da-Sa%C3%BAde/constituicao-da-organizacao-mundial-da-saude-omswho.html>. Acesso em: 20 out. 2017.

PINSKY, J.; PINSKY, C. B. **História da cidadania**. São Paulo: Contexto, 2003.

PIRES, A. et al. Validação preliminar de um questionário para avaliar as necessidades psicológicas básicas em educação física. **Motricidade**, Vila Real, v. 6, n. 1, p. 33-51, 2010. Disponível em: <http://www.scielo.mec.pt/scielo.php?script=sci_arttext&pid=S1646-107X2010000100004>. Acesso em: 20 out. 2017.

PIRES, G. de L. Lazer e desenvolvimento pessoal e social. In: SEMINÁRIO LAZER EM DEBATE, 9., 2008, São Paulo. **Anais**... São Paulo, 2008.

PORLÁN ARIZA, R.; MARTÍN TOSCANO, J. El saber práctico de los profesores especialistas: aportaciones desde las didácticas específicas. In: MOROSINI, M. C. **Professor de ensino superior**: identidade, docência e formação. Brasília: Inep, 2000. p. 35-42. Disponível em: <http://www.publicacoes.inep.gov.br/portal/download/197>. Acesso em: 20 out. 2017.

RANGEL-BETTI, I. C.; BETTI, M. Novas perspectivas na formação profissional em educação física. **Motriz**, v. 2, n. 1, p. 10-15, jun. 1996.

ROCHA, C. M. da; BASTOS, F. da C. Gestão do esporte: definindo a área. **Revista Brasileira de Educação Física e Esporte**, São Paulo, v. 25, p. 91-103, dez. 2011. Disponível em: <http://www.revistas.usp.br/rbefe/article/view/16846>. Acesso em: 20 out. 2017.

RUA, M. G. Análise de políticas públicas: conceitos básicos. In: RUA, M. G.; CARVALHO, M. I. V. (Org.). **O estudo da política**: tópicos selecionados. Brasília: Paralelo 15, 1998. p. 291-314. (Coleção Relações Internacionais e Política).

SCABAR, T. G. **A educação física e a promoção da saúde**: formação profissional e desenvolvimento de competências. 176 f. Dissertação (Mestrado em Ciências) – Universidade de São Paulo, São Paulo, 2014.

SCHNETZLER, R. P. O professor de ciências: problemas e tendências de sua formação. In: SCHNETZLER, R. P.; ARAGÃO, R. M. R. (Org.). **Ensino de ciências**: fundamentos e abordagens. Campinas: R. Vieira, 2000. p. 12-41.

SCHUH, L. X. et al. A inserção do profissional de educação física nas equipes multiprofissionais da estratégia saúde da família. **Saúde (Santa Maria)**, Santa Maria, v. 41, n. 1, p. 29-36, jan./jul. 2015. Disponível em: <https://periodicos.ufsm.br/revistasaude/article/viewFile/10514/pdf>. Acesso em: 20 out. 2017.

SCHWARTZ, G. M. O conteúdo virtual do lazer: contemporizando Dumazedier. **Licere**, Belo Horizonte, v. 6, n. 2, p. 23-31, 2003. Disponível em: <https://seer.ufmg.br/index.php/licere/article/view/4133/3025>. Acesso em: 20 out. 2017.

SEBRAE – Serviço Brasileiro de Apoio às Micro e Pequenas Empresas. **Boletim de Inteligência**, out. 2015. Disponível em: <http://www.bibliotecas.sebrae.com.br/chronus/ARQUIVOS_CHRONUS/bds/bds.nsf/bd75b9bbfcbbd3786d7a952a5c4dc2c4/$File/5794.pdf>. Acesso em: 20 out. 2017.

SILVA, C. L. da; SILVA, T. P. **Lazer e educação física**: textos didáticos para a formação de profissionais do lazer. Campinas: Papirus, 2012. (Coleção Fazer/Lazer).

SILVEIRA, F. C. dos S. M. **A formação em educação física e as práticas de integralidade do cuidado na saúde coletiva**. 111 f. Dissertação (Mestrado em Ciências da Saúde) – Universidade Federal de Sergipe, Aracaju, 2012.

SO, M. R.; BETTI, M. A identidade epistemológica da educação física nos periódicos científicos dos estratos superiores do Qualis-Capes. **Motrivivência**, Florianópolis, v. 28, n. 47, p. 109-127, maio 2016. Disponível em: <https://periodicos.ufsc.br/index.php/motrivivencia/article/view/2175-8042.2016v28n47p109>. Acesso em: 20 out. 2017.

SOARES, C. **Educação física**: raízes europeias e Brasil. 2. ed. São Paulo: Autores Associados, 2001.

SOARES, C. et. al. **Metodologia do ensino de educação física**. São Paulo: Cortez, 1992.

SOUZA, D. M. de et al. Prática pedagógica em educação física: a importância do pressuposto epistemológico no processo de ensino. **Motrivivência**, v. 17, n. 24, p. 139-149, jun. 2005. Disponível em: <https://periodicos.ufsc.br/index.php/motrivivencia/article/view/763/3892>. Acesso em: 20 out. 2017.

TANI, G. Cinesiologia, educação física e esporte: ordem emanante do caos na estrutura acadêmica. **Motus Corporis**, Rio de Janeiro, v. 3, n. 2, p. 9-50, dez. 1996.

TANI, G. et al. **Educação física escolar**: fundamentos de uma abordagem desenvolvimentista. São Paulo: Edusp, 1988.

TENÓRIO, K. M. R. et al. Propostas curriculares estaduais para educação física: uma análise do binômio intencionalidade-avaliação. **Motriz**, Rio Claro, v. 18, n. 3, p. 542-556, jul./set. 2012. Disponível em: <http://www.scielo.br/pdf/motriz/v18n3/a15v18n3.pdf>. Acesso em: 20 out. 2017.

TORRES, U. S.; MOURA, D. L. A educação física escolar e a formação do cidadão: uma análise do discurso de dois expoentes da educação física brasileira. **Corpus et Scientia**, Rio de Janeiro, v. 9, n. 2, p. 3-15, jul./dez. 2013.

TRESCA, R. P.; DE ROSE JR., D. Estudo comparativo da motivação intrínseca em escolares praticantes e não praticantes de dança. **Revista Brasileira de Ciência e Movimento**, Brasília, v. 8, n. 1, p. 9-13, jan. 2000. Disponível em: <http://www.ceap.br/material/MAT12042009223011.pdf>. Acesso em: 20 out. 2017.

VAGO, T. M. O "esporte na escola" e o "esporte da escola": da negação radical para uma relação de tensão permanente – um diálogo com Valter Bracht. **Movimento**, v. 3, n. 5, p. 4-17, 1996. Disponível em: <http://portais.ufg.br/up/73/o/Texto_Tat_1__1_...pdf>. Acesso em: 20 out. 2017.

ZABALA, A. **Enfoque globalizador e pensamento complexo**: uma proposta para o currículo escolar. Porto Alegre: Artmed, 2002.

ZEICHNER, K. M. O professor como prático reflexivo. In: ZEICHNER, K. M. **A formação reflexiva de professores**: ideias e práticas. Lisboa: Educa, 1993. p. 13-28.

Bibliografia comentada

CHAUI, M. **Convite à filosofia**. São Paulo: Ática, 1998.

No decorrer dos capítulos dessa obra, Chaui apresenta um rico exercício do pensamento filosófico, de modo a fomentar a reflexão crítica e ampliar os horizontes do leitor. Entre outras questões, trata dos grandes temas da filosofia, como a razão, a verdade, o conhecimento, a lógica, a metafísica, as ciências, a ética, a política, as artes, a religião e o mundo da prática. Além disso, a autora contempla questões relacionadas à cidadania, à democracia, aos direitos humanos, às novas tecnologias e às posturas éticas na contemporaneidade. O livro traz também mais de mil questões a respeito das grandes temáticas discutidas ao longo dos oito capítulos que o compõem, possibilitando uma revisão eficiente de cada um.

GONZÁLEZ, F. J.; FENSTERSEIFER, P. F. (Org.). **Dicionário crítico de educação física**. Ijuí: Ed. da Unijuí, 2005.

Organizada por González e Fensterseifer, a obra reúne pensamentos de educadores, sociólogos, psicólogos, antropólogos e historiadores, enriquecendo o debate epistemológico na área de educação física. O livro aborda um conjunto de conceitos relacionados às produções da área, em particular aqueles veiculados nas produções teóricas, denominadas no livro como *críticas*, surgidas principalmente após a década de 1980. O principal objetivo da obra é introduzir estudantes, profissionais da área e comunidade em geral na discussão desses temas, a fim de que esse debate epistemológico se torne acessível.

Respostas

Capítulo 1
1. d
2. c
3. d
4. b
5. e

Capítulo 2
1. b
2. c
3. d
4. e
5. a

Capítulo 3
1. c
2. c
3. a
4. c
5. e

Capítulo 4

1. c
2. d
3. c
4. b
5. e

Capítulo 5

1. e
2. e
3. e
4. b
5. c

Capítulo 6

1. e
2. b
3. e
4. c
5. d

Sobre o autor

Willer Soares Maffei é graduado em Educação Física pela Universidade Estadual de Maringá – UEM (1990). Especializou-se em Educação Física e Esportes para Crianças e Adolescentes pela Universidade Estadual Paulista Júlio de Mesquita Filho – Unesp (1999); em Educação: Formação de Formadores de Professores pela Universidade do Sagrado Coração – USC (2002); e em Educação Física Escolar pela Universidade Estadual de Campinas – Unicamp (2011). É mestre em Ciências da Motricidade, na área de Pedagogia do Movimento, pela Unesp (2004) e doutor em Educação, na área de Formação de Professores, pela Universidade Metodista de Piracicaba – Unimep (2010).

Atualmente, Maffei é professor assistente da Unesp – Bauru-SP e do Programa de Mestrado Profissional em Educação Física em Rede Nacional – PROEF, pertence ao quadro de avaliadores de curso do Instituto Nacional de Estudos e Pesquisas Educacionais Anísio Teixeira (Inep), do Ministério da Educação e do quadro de avaliadores de Curso do Conselho Estadual de Educação/SP. Foi professor em escolas da educação básica, tendo atuado, de 1994 a 2014, na Escola Estadual Fernando Valezi, em Macatuba-SP – período em que trabalhou também como assistente técnico pedagógico nas diretorias de ensino de Bauru e Lençóis Paulista (SP) – e, de 1997 a 2014, na Cooperativa Educacional de

Pederneiras-SP. Além disso, atuou como professor e coordenador do curso de Licenciatura em Educação Física no Instituto Superior de Educação Orígenes Lessa, também em Lençóis Paulista, no período de 2004 a 2014.

Maffei tem vasta experiência na área de educação física, atuando principalmente com os seguintes temas: educação física escolar, formação de professores, estágio supervisionado, programa temático, atuação docente, práticas formativas e currículo.

Impressão:
Março/2023